Jean-Claude Alexandre Ho

EUROPARECHT

AKTUALISIERUNGSSERVICE

Durch unseren kostenlosen

AKTUALISIERUNGSSERVICE

bleibt dieses Buch stets aktuell!

Änderungen in Rechtsprechung und Gesetzgebung, die dieses Buch betreffen,

stehen für Sie unter

www.Richter-Verlag.de

zum **kostenlosen download** zur Verfügung!

COPYRIGHT: Richter-Verlag
Hans-Peter Richter
Paul-Schroeder-Straße 18, 24229 Dänischenhagen
Tel. 04349-1725; Fax 04349-571
e-mail: RICHTER-VERLAG@t-online.de;
Website: www.Richter-Verlag.de

Druck und Verarbeitung: Druckerei Schmidt & Klaunig, Kiel

Weitere Bücher dieser Reihe sind erhältlich über den Buchhandel oder direkt vom Verlag.

5. Auflage 2015

ISBN 978-3-935150-50-7

Vorwort

„Europäer: wer Nostalgie für Europa empfindet."
Milan Kundera, Die Kunst des Romans

Europarecht gewinnt seit geraumer Zeit immer mehr an Bedeutung – in der juristischen Ausbildung in Deutschland, in Österreich und in der Schweiz. Nationalstaatliche Politik und Europapolitik bedingen sich in weiten Teilen gegenseitig. Wer die europäische Einigung erfassen will, braucht europarechtliche Kenntnisse.

Der „Juristische Grundkurs Europarecht" richtet sich in erster Linie an Studienanfänger im Europarecht, ob Rechtswissenschaftler, Politikwissenschaftler oder Wirtschaftswissenschaftler. Da dieses Skript sich auf die examensrelevanten Inhalte des Europarechts konzentriert, werden es auch fortgeschrittene Studenten zum Wiederholen nutzen können.

Das Skript soll Lehrbücher zum Europarecht ergänzen, diese aber nicht ersetzen. Vielmehr konzentriert es sich auf die wesentlichen Grundzüge. Dabei ist die Darstellung leicht verständlich gehalten, den Lesefluss unterbricht nirgends eine Fussnote. Zahlreiche Beispiele und Übersichten veranschaulichen die Rechtsmaterie, und Kurzbiographien bedeutender Europäer geben der europäischen Einigung ein Gesicht.

Da Europarecht in weiten Teilen Richterrecht ist, werden besonders wichtige Entscheidungen des Gerichtshofs der Europäischen Union in Kästen vom übrigen Text abgehoben; sie können auszugsweise im Wortlaut in den „Leitentscheidungen zum Europarecht" nachgelesen werden, die ebenfalls im Richter-Verlag erschienen sind. Als Einstieg in die Fallbearbeitung werden in den klausurträchtigen Bereichen des Europarechts Grundfälle ausführlich im Gutachtenstil gelöst. Die im Richter-Verlag erscheinenden „Fälle zum Europarecht" enthalten längere Fälle für den Klausurenernstfall.

Heidelberg, im Frühjahr 2015

Zum Autor

Jean-Claude ALEXANDRE HO, Studium der Rechtswissenschaften in Köln, Paris, Tübingen und Speyer. Abschluss des Deutsch-Französischen Magisterstudiengangs Rechtswissenschaft der Universität zu Köln und der Sorbonne in Paris mit der Maîtrise en Droit und dem Magister Legum (LL.M). Erwerb des Certificate of European Studies im Rahmen der PROTEUS-Studien an der Universität zu Köln. Konferenzmanager Gewerblicher Rechtsschutz bei der FORUM Institut für Management GmbH in Heidelberg.

Literaturauswahl

Die Anzahl der * kennzeichnet den Umfang des Werkes.

1. Lehrbücher:
Ward*, A Critical Introduction to European Law, 3. Auflage 2009
Haltern**, Europarecht. Dogmatik im Kontext, 2. Auflage 2007
Haratsch/Koenig/Pechstein***, Europarecht, 9. Auflage 2014

2. Kommentare:
Lenz/Borchardt*, EU-Verträge Kommentar, 6. Auflage 2012
Vedder/Heintschel von Heinegg**, Europäisches Unionsrecht, 1. Auflage 2012
Grabitz/Hilf/Nettesheim***, Das Recht der Europäischen Union, Loseblattausgabe

3. Entscheidungssammlungen:
Alexandre Ho*, Leitentscheidungen zum Europarecht, 1. Auflage 2006
Pechstein**, Entscheidungen des EuGH, 8. Auflage 2014
Hummer/Vedder/Lorenzmeier***, Europarecht in Fällen, 6. Auflage 2014

4. Fallbücher:
Alexandre Ho*, Fälle zum Europarecht, 1. Auflage 2015
Arndt/Fischer**, Fälle zum Europarecht, 7. Auflage 2010
Musil/Burchard***, Klausurenkurs im Europarecht, 3. Auflage 2013

5. Zeitschriften:
Cahiers du droit européen (CDE), Common Market Law Review (CMLR), ERA-Forum, Europarecht (EuR), Europäische Zeitschrift für Wirtschaftsrecht (EuZW), Europäisches Wirtschafts- und Steuerrecht (EWS), European Law Journal (ELJ), European Law Review (ELR), Revue du droit de l'Union Européenne (RDUE), Revue trimestrielle de droit européen (RTDE), Zeitschrift für europarechtliche Studien (ZEuS)

6. Vertragstext:
EU-Verträge, 6. Auflage 2013, Bundesanzeiger
Europarecht, 23. Auflage 2015, Nomos
Europa-Recht, 25. Auflage 2013, Beck

Inhaltsübersicht

Verzeichnis der Übersichten

Verzeichnis der Grundfälle

Verzeichnis der Kurzbiographien

1. Kapitel
Europäische Einigung und Europarecht

Europarecht ist zugleich Ergebnis und Faktor europäischer Einigung. Die Kenntnis der europäischen Einigung ist wichtig, um das Europarecht und die europäischen Strukturen zu verstehen.

A. Die europäische Einigung

Die Idee der europäischen Einigung ist nicht neu, doch erst der Schrecken der Weltkriege sollte das Friedensprojekt Europa Wirklichkeit werden lassen. Davon zeugt die institutionelle und territoriale Integration Europas.

I. Die Idee der europäischen Einigung

‚Vereinigte Staaten von Europa' – Graf *Coudenhove-Kalergi* forderte 1923 nichts Geringeres als einen europäischen Bundesstaat.

Richard Nikolaus Graf **Coudenhove-Kalergi**, geb. 1894 in Tokio, gest. 1972 in Schruns/Österreich. Gründer der Paneuropa-Union mit der Schrift „Paneuropa" 1923. Emigration 1938. Ab 1940 Professor für Geschichte an der Universität New York. 1947 Gründer und erster Generalsekretär der Europäischen Parlamentarier-Union als Nachfolgeorganisation der Paneuropa-Union.

Dieses Ansinnen verfocht auch **Winston Churchill** in seiner *‚Zürcher Rede'* von 1946:

„[..] Wir müssen eine Art Vereinigte Staaten von Europa schaffen [..]. Große Vorarbeit ist in dieser Hinsicht durch die Anstrengungen der Paneuropa-Union geleistet worden, die dem Grafen Coudenhove-Kalergi so viel zu verdanken hat [..]. [..] Der erste Schritt zur Neubildung der europäischen Familie muss eine Partnerschaft Frankreichs und Deutschlands sein. [..] Wenn das Gebäude der Vereinigten Staaten von Europa gut und gewissenhaft errichtet wird, muss darin die materielle Stärke eines einzelnen Staates von untergeordneter Bedeutung sein. Kleine Nationen werden ebensoviel zählen wie große und sich durch ihren Beitrag zur gemeinsamen Sache Ehre erwerben. [..] Wenn wir die Vereinigten Staaten von Europa schaffen wollen, oder wie auch immer sie heißen, welche Form sie auch immer annehmen mögen, dann müssen wir jetzt beginnen. [..] Im Rahmen [der UNO] müssen wir die europäische Familie in einem Regionalsystem neu aufrichten, das – vielleicht - Vereinigte Staaten von Europa heißen wird. Als erster Schritt dahin muss ein Europarat gegründet werden. [...]"

Winston **Churchill**, geb. 1874 bei Oxford, gest. 1965 in London. Britischer Premierminister von 1940 bis 1945. Literaturnobelpreis 1953. 1947 Gründer des United Europe Movement.

Ähnlich dachte *Jean Monnet:* Damit dauerhaft **Frieden** in Europa herrsche, müssten Deutschland und Frankreich ihre politische Feindschaft überwinden; ihre *kriegswichtigen Schwerindustrien* wären unter die *Aufsicht* einer *gemeinsamen Behörde* zu stellen. Beide Staaten hätten dabei zwar einen Teil ihrer Souveränität abgegeben in einer internationalen Organisation, doch würde sich der Souveränitätsverlust beschränken auf den Bereich der Kohle- und Stahlindustrie. Diese Organisation würde später heißen: Europäische Gemeinschaft für Kohle und Stahl (EGKS). Indem er anderen europäischen Staaten die *Beteiligung* an der *EGKS offenhielt*, hat **Monnet** den **Weg** für die **europäische Einigung** bereitet. Das Konzept einer EGKS sollte in die Geschichte eingehen als *Schuman*-Plan.

Jean **Monnet**, geb. 1888 in Cognac/Frankreich, gest. 1979 bei Paris. Schöpfer des *Schuman*-Plan. Erster Präsident der Hohen Behörde der EGKS von 1952 bis 1955. Methode *„Monnet"* bezeichnet Integration, die nach funktional zugeschnittenen Sachgebieten vorgeht.

Denn **Robert Schuman** begeisterte sich für den Plan und stellte ihn vor in der Rede ‚Pour l'Europe' vom 9. Mai 1950:

*„[...] Die **Vereinigung** der **europäischen Nationen** erfordert, dass der jahrhundertelange Gegensatz zwischen Frankreich und Deutschland ein Ende nimmt. [...] Die französische Regierung schlägt vor, die Gesamtheit der **französisch-deutschen Kohle- und Stahlproduktion** einer **gemeinsamen Hohen Behörde** zu unterstellen, in einer Organisation, die **anderen europäischen Ländern zum Beitritt offen** steht. [...] Die Zusammenlegung der Kohle- und Stahlproduktion wird sofort die Schaffung gemeinsamer Grundlagen für die wirtschaftliche Entwicklung sichern – die **erste Etappe** der **europäischen Föderation** – und die Bestimmung jener Gebiete ändern, die lange Zeit der Herstellung von Waffen gewidmet waren, deren sicherste Opfer sie gewesen sind. Die Solidarität der Produktion, die so geschaffen wird, wird bekunden, dass **jeder Krieg** zwischen Frankreich und Deutschland nicht nur **undenkbar**, sondern auch **materiell unmöglich** ist. [...]"*

Robert **Schuman**, geb. 1886 in Luxemburg, gest. 1963 bei Metz. Französischer Außenminister. Namensgeber des *Schuman*-Plans. Von 1956 bis 1961 Präsident der Europäischen Bewegung. Erster Präsident des Europäischen Parlaments von 1958 bis 1960.

II. Die institutionelle Einigung Europas

Als erste wichtige Etappe auf dem Weg zur Einigung Europas gilt die Gründung des **Europarates** 1949 in Straßburg. Ein Jahr später schlossen die Mitglieder des Europarates die *Konvention zum Schutze der Menschenrechte und Grundfreiheiten*, kurz *Europäische Menschenrechtskonvention (EMRK)*. Die EMRK spielt heute eine bedeutende Rolle als rechtlicher Standard in Europa; sie ist einer der wichtigsten Verträge in der Geschichte des Europarates.

1951 setzten Frankreich und Deutschland den *Schuman*-Plan um und unterzeichneten mit weiteren europäischen Staaten den **Vertrag über die Gründung der Europäischen Gemeinschaft für Kohle und Stahl** (EGKSV). Darin war vorgesehen, dass die Ziele der EGKS von einer *Hohen Behörde* verfolgt wurden. Dabei stand sie unter Aufsicht einer *parlamentarischen Versammlung*. Die Regierungen der Mitgliedstaaten traten im *Ministerrat* zusammen. Der *Gerichtshof* wachte darüber, dass das Recht eingehalten wurde. Die EGKS ist 2002 erloschen, als der EGKSV nach fünfzig Jahren auslief.

Nach der Integration der Kohle- und Stahlindustrie sollte die europäische Integration auf die Verteidigungspolitik ausgeweitet werden. Dies misslang jedoch, als das französische Parlament 1952 die Europäische Verteidigungsgemeinschaft ablehnte; damit erledigte sich vorerst auch eine Europäische Politische Gemeinschaft. Mit der ‚relance européenne' reagierten die Regierungen der Mitgliedstaaten auf die erste Krise der europäischen Einigung. Die europäische Einigung sollte nun auf wirtschaftlichem Gebiet vorangetrieben werden: der *Spaak*-Bericht schlug vor, eine Wirtschaftsgemeinschaft mit einem *Gemeinsamen Markt* zu schaffen, zu der die friedliche Nutzung der Kernenergie hinzutreten würde. Die **Verträge zur Gründung einer Europäischen Wirtschaftsgemeinschaft** (EWGV) und **zur Gründung einer Europäischen Atomgemeinschaft** (EAVG) waren Ergebnis der ‚relance européenne'. Sie wurden 1957 in Rom geschlossen und heißen daher ‚Römische Verträge'.

Paul-Henri **Spaak**, geb. 1899 in Schaerbeek/Belgien, gest. 1972 in Brüssel. Belgischer Außenminister. Erster Präsident der Beratenden Versammlung des Europarates. Vordenker der ‚relance européenne'. Federführend bei der Gründung von EWG und EAG durch den *Spaak*-Bericht von 1956 und den Verhandlungen zu den Römischen Verträgen in Brüssel. Seither hat Brüssel seinen Ruf als Hauptstadt Europas.

Zusammen mit den ‚Römischen Verträgen' wurde ein **Fusionsabkommen** verabschiedet und 1965 durch den **Fusionsvertrag** ergänzt. Seitdem verfügten alle Gemeinschaften über gemeinsame Organe: eine *Kommission*, ein *Ministerrat*, eine *parlamentarische Versammlung* und ein *Gerichtshof* (EuGH). Außerdem wurde als gemeinsame Institution der *Wirtschafts- und Sozialausschuss* eingerichtet, der beratend tätig ist. Fusionsabkommen und Fusionsvertrag sind aufgehoben worden, nachdem die einheitliche Organstruktur in einem späteren Änderungsvertrag übernommen wurde.

Mit der **Einheitlichen Europäischen Akte** (EEA) von 1986 wurde die Europäischen Gemeinschaften um eine neue Europäische Politische Zusammenarbeit ergänzt. Außerdem gestanden die Mitgliedstaaten der EWG weitere Kompetenzen zu: So sollte das *Binnenmarktkonzept* endlich den Gemeinsamen Markt verwirklichen. Außerdem ermächtigte die EEA die EWG dazu, dem EuGH ein Gericht erster Instanz (EuG) beizuordnen. Zu einer festen Einrichtung machte die EEA den *Europäischen Rat* (Konferenz der Staats- und Regierungschefs der *Mitgliedstaaten* und des Kommissionspräsidenten). Weiterhin benannte die EEA die parlamentarische Versammlung endlich in ‚*Europäisches Parlament*' (EP), nachdem die Gemeinschafts-bürger die Europa-Abgeordneten seit 1979 direkt wählen können. Dem entsprach auch die stärkere Rolle des EP in der Rechtsetzung, als das *Verfahren der Zusammenarbeit* eingeführt wurde. Die EEA ist allerdings durch die weitere Rechtsentwicklung überholt.

Im Jahre 1992 führte der **Maastrichter Vertrag über die Europäische Union** (EUV) eine neue zwischenstaatliche Zusammenarbeit in Außen- und Innenpolitik ein: die *Gemeinsame Außen- und Sicherheitspolitik* (GASP) sowie die *Zusammenarbeit in den Bereichen Justiz- und Innenpolitik* (ZBJI). Diese Politikbereiche wurden mit den Europäischen Gemeinschaften über die Plattform der *Europäischen Union* (EU) verknüpft. Damit einhergehend wurde die EWG umbenannt in *Europäische Gemeinschaft*, die auf dem *Vertrag zur Gründung der Europäischen Gemeinschaft* (EGV) beruhte. Für den Gemeinschaftsbürger ist ein Stück Europa greifbar geworden mit dem *EURO:* die gemeinsame europäische Währung ist das sichtbarste Ergebnis der *Wirtschafts- und Währungsunion* (WWU). Darüber wacht die *Europäischen Zentralbank* (EZB) im Europäischen System der Zentralbanken.

Der **Vertrag von Amsterdam** von 1997 änderte EUV und EGV. In die Gemeinschaftsverträge wurde zunächst das *Schengen-System* einbezogen, das die Grenzkontrollen zwischen den beteiligten Staaten abschaffte. Außerdem wurde der Aufbau eines *Raums der Freiheit, der Sicherheit und des Rechts* als Ziel aufgenommen. Dazu erhielt die EG einige Kompetenzen, die bisher im Bereich der ZBJI angesiedelt waren (u.a. die Kontrolle der Außengrenzen). Folgerichtig wurde die ZBJI in *polizeiliche und justizielle Zusammenarbeit in Strafsachen* (PJZS) umbenannt.

4

Obwohl institutionelle Reformen erforderlich waren, um die EU auf neue Mitgliedstaaten vorzubereiten, brachte der **Vertrag von Nizza** von 2001 kaum wesentliche Änderungen in EUV und EGV. Das Parlament wurde insofern gestärkt, als das *Mitentscheidungsverfahren ausgeweitet* wurde. Außerdem wurde bei der Abstimmung im Rat das *Einstimmigkeitserfordernis* in vielen Politikbereichen *abgeschafft* und zugleich eine neue *Stimmgewichtung* vorgenommen. Das *EuG* stieg zu einem unabhängigen Spruchkörper auf. Schließlich wurde eine **Charta der Grundrechte der Europäischen Union** (EU-Grundrechte-Charta) feierlich verkündet, ohne dadurch rechtsverbindlich zu werden. Die EU-Grundrechte-Charta basierte auf dem Entwurf eines Konvents, in dem Beauftragte der Staats- und Regierungschefs und der Kommission sowie Mitglieder des EP und der nationalen Parlamente saßen (Grundrechte-Konvent).

Auch der Athener **Vertrag über eine Verfassung für Europa** (Europäischer Verfassungsvertrag, EVV) von 2004 wurde von einem Konvent entworfen (Europäischer Konvent). Der EVV sollte die EU endlich bürgernäher, transparenter und handlungsfähiger machen. Dabei sollten EUV und EGV nebst der EU-Grundrechte-Charta in einem *einzigen Vertrag* zusammengeführt werden. Doch mit „Non" und „Nee" lehnte die Mehrheit der französischen und holländischen Bürger den EVV vorerst ab.

Nach einer mehrjährigen „Denkpause" ist der EVV in seiner Substanz kaum verändert als Lissaboner **Reformvertrag** von 2009 auf die europapolitische Agenda zurückgekehrt. Im Unterschied zum EVV handelt es sich beim Reformvertrag um einen Änderungsvertrag, der die Aufteilung in EUV und EGV nicht aufhebt. Die *EU-Grundrechte-Charta* ist auch nicht Bestandteil der Verträge, sondern der EUV enthält einen Verweis, durch den die Charta *rechtsverbindlich* wird. Gegenüber dem EVV ergeben sich auf den ersten Blick vor allem terminologische Änderungen: Im Vertragstext wird auf staatsähnliche Symbole wie die europäische Hymne und die europäische Fahne verzichtet. Dies gilt auch für den im EVV noch als Außenminister bezeichneten *Hohen Vertreter der Außen- und Sicherheitspolitik*, der aber mehr Befugnisse auf sich vereinen kann als der bisherige Hohe Vertreter der GASP. Neu geschaffen wird auch das Amt des *Präsidenten des Europäischen Rats*. Darüber hinaus ist die Europäische Union Rechtsnachfolgerin der EG und erhält Rechtspersönlichkeit, die bisher nur die EG innehatte. In Kraft getreten ist der Reformvertrag im Dezember 2009.

III. Die territoriale Einigung Europas

Obwohl die Regierungskonferenz zur Gründung der EGKS allen westeuropäischen Staaten offen stand, nahmen gerade einmal sechs Staaten daran teil. Nur *Belgien*, *Deutschland*, *Frankreich*, *Italien*, *Luxemburg* und die *Niederlande* waren 1951 bei der **Gründung** der **EGKS** dabei, wie auch 1958 bei der Gründung der **EWG** und der **EAG**.

Im Zuge der **Norderweiterung** traten 1973 *Dänemark*, *Großbritannien* und *Irland* den Europäischen Gemeinschaften bei. Nach der **1. Süderweiterung** um *Griechenland* im Jahre 1981 folgten als weitere Mitgliedstaaten *Portugal* und *Spanien* 1986 im Rahmen der **2. Süderweiterung**. Ihre Aufnahme bildete den Schlussstein beim Wiederaufbau der nationalen Demokratien, nachdem ihre Diktaturen fielen.

Knapp ein Jahrzehnt später traten dann einige Staaten der Europäischen Freihandelzone (European Free Trade Area, EFTA) in die EU ein. Sie wuchs 1995 in der **EFTA-Erweiterung** um *Finnland*, *Österreich* und *Schweden*.

Die „**Große**" **Osterweiterung** im Jahre 2004 führte der EU neben *Malta* und *Zypern* die Mehrzahl der ehemaligen Staaten des Ostblocks zu. Mit der Aufnahme von *Estland*, *Lettland*, *Litauen*, *Polen*, *Slowakei*, *Slowenien*, *Tschechien* und *Ungarn* ist das im Kalten Krieg geteilte Europa wieder vereint. *Bulgarien* und *Rumänien* wurden 2007 im Rahmen einer „**Kleinen**" **Osterweiterung** in die EU aufgenommen. *Kroatien* ist 2013 EU-Mitglied geworden.

Mit *Island*, *Montenegro* und der *Türkei* finden **Beitrittsverhandlungen** statt. Weitere Beitrittskandidaten sind die *Albanien*, *Mazedonien* und *Serbien*.

Übersicht 1: **Mitgliedstaaten der Europäischen Union und Beitrittskandidaten**

© Europäische Kommission

Mitgliedstaaten: Belgien, Bulgarien, Dänemark, Deutschland, Estland, Finnland, Frankreich, Griechenland, Großbritannien, Irland, Italien, Kroatien, Lettland, Litauen, Luxemburg, Malta, Niederlande, Österreich, Polen, Portugal, Rumänien, Schweden, Spanien, Slowakei, Slowenien, Tschechien, Ungarn, Zypern.

Beitrittskandidaten: Albanien, Island, Mazedonien, Montenegro, Serbien, Türkei.

Übersicht 2: **Die wichtigsten Etappen der europäischen Einigung**

Jahr	Ereignis	Text	Erweiterung
1949	Gründung des Europarates	Satzung des Europarates	
1950	Verankerung des Schutzes der Menschenrechte in Europa	Europäische Menschen-rechtskonvention	
1951	Gründung der Europäischen Gemeinschaft für Kohle und Stahl zwischen Benelux-Staaten, Deutschland, Frankreich und Italien	Vertrag von Paris (Inkrafttreten 1952)	
1957	Gründung der Europäischen Wirtschaftsgemeinschaft und der Europäischen Atomgemeinschaft	Verträge von Rom (Inkrafttreten 1958)	
1965	Zusammenführung der Organe der Europäischen Gemeinschaften	Fusionsvertrag (Inkrafttreten 1967)	
1973	Beitritt Großbritanniens, Irlands und Dänemarks		Norderweiterung
1979	Erste Direktwahl des Europaparlaments		
1981	Beitritt Griechenlands		1. Süderweiterung
1986	Beitritt Spaniens und Portugals		2. Süderweiterung
	Binnenmarktkonzept	Einheitliche Europäische Akte (Inkrafttreten 1987)	
1992	Gründung der Europäischen Union und der Europäischen Gemeinschaft	Vertrag von Maastricht (Inkrafttreten 1993)	
1995	Beitritt Finnlands, Schwedens und Österreichs		EFTA-Erweiterung
1997	Aufbau eines Raums der Freiheit, der Sicherheit und des Rechts	Vertrag von Amsterdam (Inkrafttreten 1999)	
2000	Entwurf eines Grundrechte-Katalogs durch den Grundrechte-Konvent	Charta der Grundrechte der Europäischen Union (feierliche Verkündung)	
	Institutionelle Reformen zwecks Erweiterungsfähigkeit	Vertrag von Nizza (Inkrafttreten 2003)	
2004	Beitritt von Polen, Ungarn, Tschechien, Slowakei, Estland, Lettland, Litauen, Slowenien, Zypern, Malta		„Große" Osterweiterung
	Entwurf des Vertrages über eine Verfassung für Europa durch den Europäischen Konvent	Vertrag von Athen (nicht in Kraft getreten)	
2007	Beitritt von Rumänien und Bulgarien		„Kleine" Osterweiterung
	Reformvertrag	Vertrag von Lissabon (Inkrafttreten 2009)	
2013	Beitritt von Kroatien		

B. Der Begriff des Europarechts

Die Geschichte der europäischen Einigung ist auch die Geschichte der internationalen Organisationen Europas. Das *Recht* aller *internationalen Organisationen* in *Europa* ist daher Gegenstand des **Europarechts** im **weiteren Sinn**. Eine der bedeutendsten internationalen Organisationen Europas ist die Europäische Union. Damit wird verständlich, warum unter **Europarecht** im **engeren Sinn** das *Recht* der *EU – das Unionsrecht* – verstanden wird.

C. Die Europäische Union

Der EUV stellt nach seinem Art. 1 Abs. 2 „eine *neue Stufe* bei der Verwirklichung einer *immer engeren Union* der *Völker Europas* dar". Die **Ziele** der EU sind in Art. 3 EUV niedergelegt.

I. Das Wesen und der Aufbau der Europäischen Union

Vom Wesen her ist die EU weder Staatenbund noch Bundesstaat; sie lässt sich als Staatenverbund bezeichnen. Die EU lässt sich vom Aufbau her als eine Burg vorstellen.

1. Das Wesen der Europäischen Union

Auch wenn die Union nach Art. 47 EUV Rechtspersönlichkeit besitzt, so fehlt ihr doch im Unterschied zu den Mitgliedstaaten die Kompetenz, eine Kompetenz zu begründen. Die **Kompetenz-Kompetenz** ist bei den *Mitgliedstaaten* als „Herren der Verträge" verblieben. Die Union ist dagegen an den **Grundsatz der begrenzten Einzelermächtigung** nach Art. 5 Abs. 1 AEUV gebunden. Danach darf sie nur tätig werden, wenn die *Unionsverträge* sie *ausdrücklich* dazu *ermächtigen*. Damit hat die Union (noch) keine Staatsqualität erreicht und ist daher auch (noch) nicht Bundesstaat geworden.

Die Union kann aber von den Hoheitsbefugnissen Gebrauch machen, die ihr die Mitgliedstaaten übertragen haben. Die *Beschlüsse*, die so zustande kommen, sind auch *gegen den Willen* der *Mitgliedstaaten verbindlich* und *verpflichten* deren *Bürger unmittelbar*. Das zeichnet eine **supranationale**, also eine überstaatliche Organisation aus. Damit ist die EU auch mehr als ein Staatenbund. Mit den Worten des BVerfG lässt sie sich als ein **Staatenverbund** bezeichnen („Maastricht' 1993).

2. Der Aufbau der Europäischen Union

Die *EU* kann man sich als eine mittelalterliche **Burg** vorstellen, die sich in eine Hauptburg und eine Vorburg unterteilt. Die Hauptburg besteht dabei aus dem Palas nebst Wohnturm und dem Bergfried. Der **Palas** – ein repräsentativer Saalbau – bildet zusammen mit dem **Wohnturm** die *überstaatlichen Politiken der EU* ab. Die noch weitgehend *zwischenstaatliche Gemeinsame Außen- und Sicherheitspolitik* lässt sich demgegenüber darstellen als **Bergfried**, einen Wehrbau. Die Vorburg steht für die EAG, die – mit einem gesonderten Euratom-Vertrag – als eigenständige internationale Organisation bestehen bleibt, sich dabei aber den institutionellen Rahmen mit der neuen EU teilt.

Der **Boden**, auf dem diese EU-Burg steht, sind die *EU-Grundrechtecharta* sowie *EUV* und *AEUV,* die gemäß Art. 6 Abs. 1 UAbs. 1 Hs. 1 EUV alle rechtlich den gleichen Rang haben. EUV und AEUV sind nach Art. 1 Abs. 3 S. 1 EUV Grundlage der EU. Das Fundament bildet dabei gewissermaßen die EU-Grundrechtecharta, gründet sich doch die EU gemäß Art. 2 S. 1 EUV auf Werte wie die Wahrung der Menschenrechte, wie sie auch in der EU-Grundrechtecharta sichtbar werden.

Übersicht 3: **Der Aufbau der Europäischen Union**

II. Die Europäische Union und ihre Mitgliedstaaten

Die Mitgliedschaft in der EU können europäische Staaten durch einen Beitritt erwerben. Zwischen EU und den Mitgliedstaaten besteht eine gegenseitige Treuepflicht.

1. Die Mitgliedschaft in der Europäischen Union

Die Mitgliedschaft in der EU beginnt mit dem Beitritt und kann mit einem Austritt enden. Ein Mitgliedstaat kann nicht ausgeschlossen werden, doch können seine Rechte ausgesetzt werden.

a. Der Beitritt zur Europäischen Union

Die EU kann einem Drittstaat neben dem Beitritt auch die **Assoziierung** gemäß Art. 217 AEUV anbieten. Der Drittstaat unterhält dann mit der EU *besondere Beziehungen unterhalb einer EU-Vollmitgliedschaft.*

> **Bsp.**: *Assoziationsabkommen von 1964 mit der Türkei.*

Einen **Beitritt** zur EU kann nach Art. 49 Abs. 1 S. 1 EUV jeder europäische Staat beantragen, der die in Art. 2 EUV genannten Grundsätze Werte achtet und sich für ihre Förderung einsetzt. Darüber hinaus verweist Art. 49 Abs. 1 S. 4 EUV auf die ‚**Kopenhagener Kriterien**' von 1993, in denen der Europäische Rat die *Voraussetzungen* für einen *EU-Beitritt* zusammengefasst hat:

1. geographisches Kriterium: **europäischer Staat**
2. politische Kriterien:
   a. **rechtsstaatliche** Ordnung
   b. **demokratische** Ordnung
   c. Schutz der **Grund- und Menschenrechte**
   d. **Schutz** der **Minderheiten**
3. wirtschaftliche Kriterien
   a. funktionsfähige **Marktwirtschaft**
   b. wirtschaftliche **Konkurrenzfähigkeit**
4. weitere Kriterien
   a. Übernahme der **Ziele** der **Union** einschließlich der **Wirtschafts- und Währungsunion**
   b. Übernahme des „gemeinsamen Besitzstandes" der EU (**acquis communautaire**)
   c. Kapazität von Verwaltung und Justiz zur **Anwendung** des gemeinsamen Besitzstandes

Das Beitrittsverfahren lässt sich in vier Phasen aufteilen. In der **Einleitungsphase** muss über die *Aufnahme* von *Vertragsverhandlungen* entschieden werden. Im Anschluss an die **Verhandlungsphase** steht die **Entscheidungsphase** mit der *Entscheidung* über den *Beitritt* an. Die **Vertragsschlussphase** endet mit der *Ratifikation* des *Beitrittsvertrages.*

Übersicht 4: **Der Beitritt zur Europäischen Union, Art. 49 EUV (vereinfacht)**

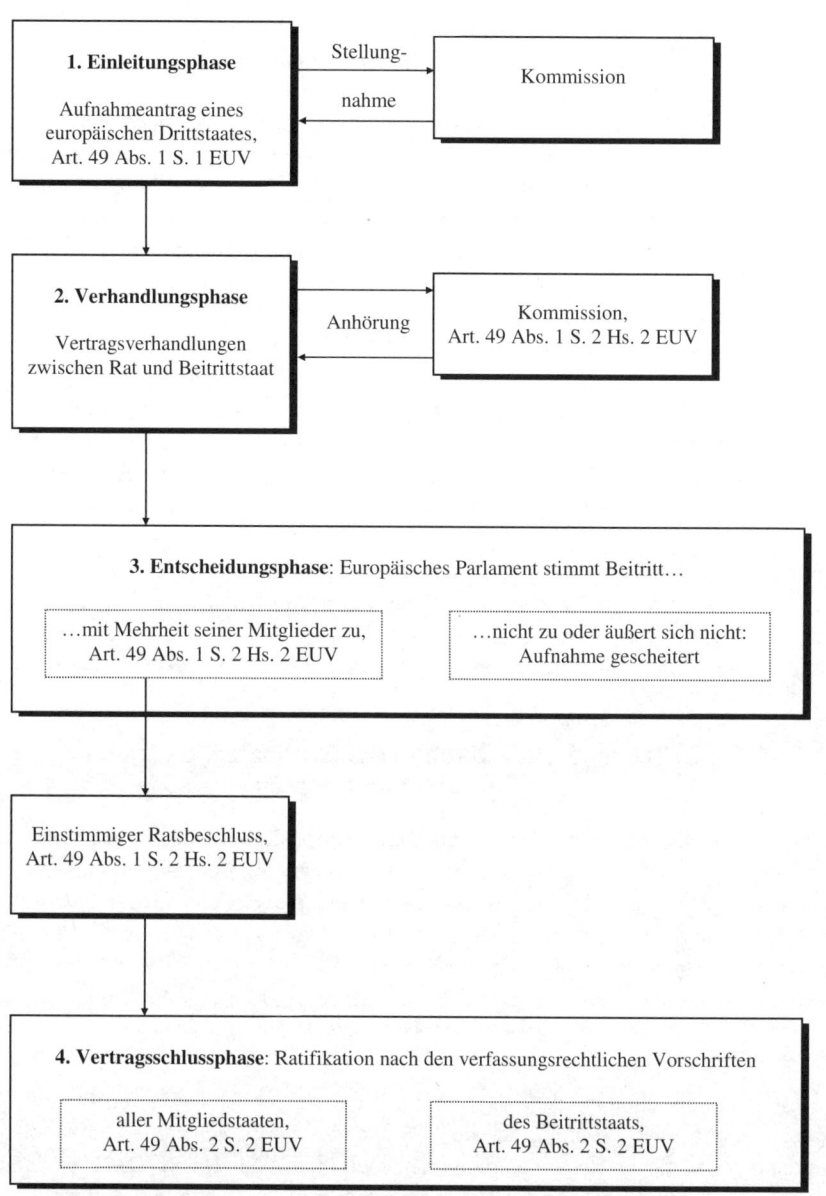

1. Einleitungsphase

Aufnahmeantrag eines
europäischen Drittstaates,
Art. 49 Abs. 1 S. 1 EUV

Stellung-
nahme

Kommission

2. Verhandlungsphase

Vertragsverhandlungen
zwischen Rat und Beitrittstaat

Anhörung

Kommission,
Art. 49 Abs. 1 S. 2 Hs. 2 EUV

3. Entscheidungsphase: Europäisches Parlament stimmt Beitritt...

...mit Mehrheit seiner Mitglieder zu,
Art. 49 Abs. 1 S. 2 Hs. 2 EUV

...nicht zu oder äußert sich nicht:
Aufnahme gescheitert

Einstimmiger Ratsbeschluss,
Art. 49 Abs. 1 S. 2 Hs. 2 EUV

4. Vertragsschlussphase: Ratifikation nach den verfassungsrechtlichen Vorschriften

aller Mitgliedstaaten,
Art. 49 Abs. 2 S. 2 EUV

des Beitrittstaats,
Art. 49 Abs. 2 S. 2 EUV

b. Austritt und Ausschluss aus der Europäischen Union

Nach Art. 50 Abs. 1 EUV kann ein Mitgliedstaat im Einklang mit seinen verfassungsrechtlichen Vorschriften beschliessen, aus der Union **auszutreten**.

Die Unionsverträge enthalten keine Bestimmung zum Ausschluss eines Mitgliedstaates aus der EU. Allerdings sieht Art. 7 EUV ein zweistufiges Verfahren zur **Aussetzung bestimmter Rechte** eines **Mitgliedstaates** vor. Nach Art. 7 Abs. 2 EUV wird das Verfahren in Gang gesetzt durch den Vorschlag der Kommission oder eines Drittels der Mitgliedstaaten. Nachdem das Parlament dem Vorschlag zugestimmt hat und der betroffene Mitgliedstaat angehört wurde, kann der Europäische Rat einstimmig feststellen, dass eine *schwerwiegende* und *anhaltende Verletzung* bestimmter Werte durch den Mitgliedstaat vorliegt. Dabei handelt es sich um die in Art. 2 EUV genannten Werte der *Achtung der Menschenwürde, Freiheit, Demokratie, Gleichheit, Rechtsstaatlichkeit* und der *Wahrung der Menschenrechte* einschließlich der *Minderheitenrechte*. In einem zweiten Schritt kann dann der Rat mit qualifizierter Mehrheit beschließen, bestimmte mitgliedschaftliche Rechte einschließlich der Stimmrechte des betroffenen Mitgliedstaates auszusetzen (Art. 7 Abs. 3 EUV).

Dem Sanktionsverfahren ist ein **„Frühwarnsystem"** vorgeschaltet, das den Rat dazu ermächtigt, die *eindeutige Gefahr* einer *schwerwiegenden Verletzung* der *Werte* der EU festzustellen (Art. 7 Abs. 1 EUV).

> **Bsp.**: *Österreich im Jahre 2000 nach dem Regierungsbündnis zwischen der ÖVP und der rechtsextremen FPÖ.*

2. Die Treuepflicht zwischen der Europäischen Union und ihren Mitgliedstaaten

Art. 4 Abs. 3 AEUV bestimmt eine **Treuepflicht** der **Mitgliedstaaten** gegenüber der Union. Diese betrifft zunächst aktives Handeln: Die Mitgliedstaaten müssen alle *Maßnahmen treffen*, die zur *Erfüllung* des *Unionsrechts geeignet* sind; der *Union* ist die *Erfüllung* ihrer *Aufgaben* zu *erleichtern*. Die Mitgliedstaaten haben aber auch *vertragsgefährdende Maßnahmen* zu *unterlassen*.

> **Bsp.**: *Fristgerechte Umsetzung von Richtlinien; unionsrechtkonforme Auslegung nationalen Rechts durch mitgliedstaatliche Gerichte; Schadensersatzpflicht bei Unionsrechtsverstößen.*

Die **Union** ist aber genauso den Mitgliedstaaten gegenüber zur **Treue verpflichtet**. Die ungeschriebene Pflicht beruht auf dem Grundsatz der Unionstreue. Inhalt dieses Grundsatzes ist die loyale Zusammenarbeit innerhalb einer Union. Die Union muss daher die legitimen Interessen der Mitgliedstaaten berücksichtigen und darf nicht etwa ihre Zuständigkeit zu Lasten der Mitgliedstaaten ausweiten. Dabei hat sie nach Art. 4 Abs. 2 EUV die nationale Identität der Mitgliedstaaten zu achten.

2. Kapitel
Grundsätze des Unionsrechts

Das Unionsrecht bildet eine gegenüber den nationalen Rechtsordnungen und dem Völkerrecht **eigene Rechtsordnung**,

> „**die** [...] in die **Rechtsordnungen** der **Mitgliedstaaten aufgenommen** worden und von ihren Gerichten anzuwenden ist", da „die **Mitgliedstaaten**, wenn auch auf einem begrenzten Gebiet, ihre **Souveränitätsrechte beschränkt** und so einen **Rechtskörper geschaffen** [haben], **der** für ihre Angehörigen und sie selbst **verbindlich ist".

Als **Indizien** dafür lassen sich bei der Union mit dem EuGH werten
- die *Gründung* auf *unbegrenzte Zeit* (Art. 356 AEUV),
- *eigene Organe* (Art. 13 EUV),
- *Rechts-* und *Geschäftsfähigkeit* (Art. 335 AEUV),
- *internationale Handlungsfähigkeit* (Art. 47 EUV) sowie
- *Hoheitsrechte*, die *von* den *Mitgliedstaaten übertragen* wurden (Art. 1 Abs. 1 AEUV).

EuGH ,Costa/ENEL' 1964
Costa war Aktionär eines privaten Stromunternehmens, das von Italien verstaatlicht und dem neuen Staatsunternehmen ENEL zugeteilt wurde. Costa hielt die Verstaatlichung für unionsrechtswidrig; in einem Rechtsstreit mit ENEL beantragte er daher beim staatlichen Gericht, ein Vorabentscheidungsersuchen an den EuGH zu richten: Der EuGH hatte dabei zu klären, ob das Verstaatlichungsgesetz gegen Unionsrecht verstößt. Der EuGH stellte schließlich die Eigenständigkeit des Unionsrechts fest.

Während der Grundsatz des Vorrangs des Unionsrechts die Eigenständigkeit des Unionsrechts bedingt, wirkt sich der Grundsatz der unmittelbaren Geltung des Unionsrechts auf die Eigenständigkeit der mitgliedstaatlichen Rechtsordnungen aus.

A. Der Grundsatz des Vorrangs des Unionsrechts

Der Grundsatz des Vorrangs des Unionsrecht ist Voraussetzung für die Eigenständigkeit der Unionsrechtsordnung und wirkt in die mitgliedstaatlichen Rechtsordnungen als Anwendungsvorrang hinein.

I. Die Begründung des Vorrangs des Unionsrechts

Ansatzpunkt für den **Vorrang des Unionsrechts** ist die *Eigenständigkeit* des Unionsrechts. So hat der EuGH (,Costa/ENEL' 1964) entschieden,

> „dass dem vom Vertrag geschaffenen, somit aus einer **autonomen Rechts-quelle** fließenden Recht **wegen** dieser seiner **Eigenständigkeit keine** wie immer gearteten **innerstaatlichen Rechtsvorschriften vorgehen** können, **wenn** ihm **nicht** sein **Charakter** als [**Unions**]**recht aberkannt** und wenn nicht die **Rechtsgrundlage** der [Union] selbst **in Frage gestellt** werden soll."

Sonst würde das Unionsrecht von Mitgliedstaat zu Mitgliedstaat variieren, was
> die *Verwirklichung der Ziele der Union* (Art. 4 Abs. 3 EUV i.V.m. Art. 3 Abs. 3 EUV) *gefährdete,*
> nach Art. 18 AEUV verbotene *Diskriminierungen* hervorriefe sowie
> *Art. 288 Abs. 5 AEUV bedeutungslos* werden ließe.

Der Vorrang des Unionsrechts gilt nicht nur bezüglich einfachgesetzlichem Recht, sondern auch bezüglich des Verfassungsrechts der Mitgliedstaaten.

> ***EuGH ,Internationale Handelsgesellschaft' 1970***
> Nach einer Vorschrift des Unionsrechts wurden Im- und Exportlizenzen nur gegen Kaution erteilt; die Kaution verfiel, wenn die Lizenzen nicht genutzt wurden. Die Internationale Handelsgesellschaft konnte ihre Lizenzen nicht voll ausschöpfen und klagte gegen den Verfall der Kaution. Das deutsche Gericht beabsichtigte zunächst, dem Unternehmen Recht zu geben, da die EG-Verordnung gegen ein Grundrecht des Grundgesetzes verstoßen würde; zuvor ersuchte das Gericht jedoch den EuGH um eine Vorabentscheidung: Der EuGH stellte fest, dass der Vorrang des Unionsrechts sich auch gegenüber den Grundrechten auswirkt, die im Grundgesetz niedergelegt sind.

Den Vorrang des Unionsrechts erkennen an sowohl der VfGH in Österreich (,Tiermedizin' 1997) als auch das BVerfG in Deutschland. Das BVerfG hat sich jedoch 1974 noch in der ,Solange I'-Entscheidung für kompetent erklärt, sekundäres Unionsrecht an deutschen Grundrechten zu messen, da es damals noch keinen geschriebenen Katalog unionsrechtlicher Grundrechte gab. Allerdings hatte der EuGH vorher schon damit begonnen, durch seine Rechtsprechung die Unionsgrundrechte auszubauen (vgl. Kapitel 4, A.I.).

In der ‚Solange II'-Entscheidung von 1986 stellte das BVerfG seine *unionsrechtliche Prüfungskompetenz unter* einen *Vorbehalt*:

> „**Solange** die [**Europäische Union**] [...] einen wirksamen **Schutz** der **Grundrechte** gegenüber der Hoheitsgewalt der [Union] generell **gewährleiste[t]**, der dem vom **Grundgesetz** als unabdingbar gebotenen **Grundrechtsschutz** im wesentlichen **gleich** zu achten ist [...] wird das **Bundesverfassungsgericht** seine **Gerichtsbarkeit über** die **Anwendbarkeit** von **abgeleitetem** [**Union**]**srecht** [...] **nicht mehr ausüben** und dieses Recht mithin **nicht mehr** am **Maßstab** der **Grundrechte** des Grundgesetzes **überprüfen**."

Damit rückte das BVerfG vorerst wieder von der ‚Solange I'-Rechtsprechung ab. Doch im ‚Maastricht'-Urteil von 1993 leitete das BVerfG eine Kehrtwende ein und führte hinsichtlich ausbrechender Unionsrechtsakte eine sogenannte *Ultra-vires-Kontrolle* ein:

> „Allerdings **übt** das **Bundesverfassungsgericht** seine **Gerichtsbarkeit über** die **Anwendbarkeit** von **abgeleitetem** [**Union**]**srecht** in Deutschland in einem ‚**Kooperationsverhältnis**' zum **Gerichtshof** [**der Europäischen Union**] aus. [...] [Außerdem] **prüft** das **Bundesverfassungsgericht**, ob die **Rechtsakte** der **Europäischen Einrichtungen** und Organe sich in den **Grenzen** der ihnen **eingeräumten Hoheitsrechte** halten oder aus ihnen **ausbrechen**."

Nach der Rückkehr zur ‚Solange II'-Rechtsprechung im ‚Bananenmarkt'-Beschluss von 2000 griff das BVerfG allerdings im ‚Lissabon'-Urteil von 2009 wieder zur *Ultra-vires-Kontrolle* aus dem ‚Maastricht'-Urteil und ergänzte diese um eine *Identitätskontrolle*:

> „Wenn Rechtsschutz auf Unionsebene nicht zu erlangen ist, **prüft** das **Bundesverfassungsgericht**, ob **Rechtsakte** der **europäischen Organe** und **Einrichtungen** sich [...] in den **Grenzen** der ihnen im Wege der begrenzten Einzelermächtigung **eingeräumten Hoheitsrechte halten**. Darüber hinaus **prüft** das **Bundesverfassungsgericht**, ob der unantastbare Kerngehalt der **Verfassungsidentität** des Grundgesetzes [...] **gewahrt** ist."

Im ‚Mangold'-Beschluss von 2010 beschränkte das BVerfG die Ultra-vires-Kontrolle schließlich auf *hinreichend qualifizierte Kompetenzverstöße* im Sinne des unionsrechtlichen Haftungsrechts und bestätigte ansonsten das ‚Lissabon'-Urteil:

> „Das **Bundesverfassungsgericht** ist [...] berechtigt und verpflichtet, **Handlungen** der **europäischen Organe** und **Einrichtungen** darauf zu **überprüfen**, ob sie aufgrund **ersichtlicher Kompetenzüberschreitungen** oder aufgrund von **Kompetenzausübungen** im **nicht übertragbaren Bereich** der **Verfassungsidentität** [...] erfolgen, und gegebenenfalls die **Unanwendbarkeit** kompetenzüberschreitender Handlungen für die **deutsche Rechtsordnung festzustellen**."

II. Der Anwendungsvorrang des Unionsrechts

Der Vorrang des Unionsrechts wirkt sich als **Anwendungsvorrang** aus. Eine *nationale Vorschrift*, die mit dem Unionsrecht *unvereinbar* ist, wird also *lediglich nicht angewendet*. An ihrer Stelle wird die Unionsnorm angewendet. Hätte das Unionsrecht dagegen Geltungsvorrang, so wäre die entgegenstehende nationale Vorschrift nichtig. Doch damit wäre noch längst nicht gesichert, dass das Unionsrecht dann auch wirksam ist. Soll das Unionsrecht aber wirksam sein, so reicht es schon aus, dass das nationale Recht unangewendet bleibt.

EuGH ,Simmenthal II' 1978
Das Unternehmen Simmenthal musste für die Einfuhr von Rindfleisch nach Italien Untersuchungsgebühren entrichten. In einem Rechtsstreit stellte der EuGH nach einer Vorlage des nationalen Gerichts fest, dass die Erhebung dieser Gebühren Unionsrecht verletzte; die italienische Finanzverwaltung verweigerte jedoch die Rückerstattung. Das nationale Gericht legte erneut dem EuGH eine Frage vor, da nach damaligem Recht sich das italienische Verfassungsgericht die Verwerfung unionswidrigen innerstaatlichen Rechts vorbehielt. Der EuGH verpflichtete das nationale Gericht dazu, nicht das verfassungsrechtliche Verfahren abzuwarten, sondern die unionswidrige nationale Vorschrift nicht anzuwenden.

Durch den Anwendungsvorrang bleibt das nationale Recht weiterhin anwendbar, etwa bei rein innerstaatlichen Sachverhalten, wo kein Unionsrecht Anwendung findet. Nationales Recht wird auch dann wieder anwendbar, wenn eine diesbezügliche Unionsnorm außer Kraft tritt. Der Anwendungsvorrang des Unionsrechts muss von den Behörden und Gerichten der Mitgliedstaaten von Amts wegen beachtet werden.

EuGH ,Fratelli Costanzo' 1989
Eine EG-Richtlinie sah für die Auftragsvergabe bei öffentlichen Bauten unter anderem vor, dass bei ungewöhnlich niedrigen Angeboten schon im Vorfeld die Einzelposten überprüft werden müssen. Um wirksam zu sein, müssen EU-Richtlinien grundsätzlich in nationales Recht umgesetzt werden. Nachdem Italien die Richtlinienvorschrift zunächst nahezu wortgleich umsetzte, erließ es allerdings eine weitere Vorschrift: Danach wurden ungewöhnlich niedrige Angebote ohne Prüfung der Einzelposten vom Vergabeverfahren ausgeschlossen. Das Unternehmen Fratelli Costanzo gab ein besonders günstiges Angebot ab für die Renovierung des Mailänder Fußballstadions ,San Siro'; die Stadt Mailand lehnte jedoch das Angebot als ungewöhnlich niedrig ab. Dagegen ging das Unternehmen vor und berief sich vor dem Verwaltungsgericht auf die Unvereinbarkeit der italienischen Vorschrift mit der Richtlinie. Im Vorabentscheidungsverfahren gab der EuGH dem Unternehmen recht und verpflichtete die städtische Behörde dazu, die Richtlinie in Form des Umsetzungsgesetzes anzuwenden und die entgegenstehende nationale Vorschrift außer Betracht zu lassen.

B. Der Grundsatz der unmittelbaren Geltung des Unionsrechts

Die **Unionsverträge** sind völkerrechtliche Verträge und müssen durch die Mitgliedstaaten ratifiziert werden, damit sie unmittelbar gelten können. Sie richten sich an erster Stelle an die *Unionsorgane* und die *Mitgliedstaaten*.

> **Bsp.:** *Art. 288 Abs. 3 AEUV verpflichtet die Mitgliedstaaten dazu, Richtlinien ordnungsgemäß umzusetzen; Art. 19 Abs. 1 AEUV verpflichtet den Rat dazu, vor dem Erlass von Antidiskriminierungsmaßnahmen das Parlament anzuhören.*

Das Unionsrecht kann aber auch unmittelbar gegenüber dem *Einzelnen* **gelten**, wenn dieser als Adressat der Regelung in Betracht kommt.

> **Bsp.:** *Die Arbeitnehmerfreizügigkeit nach Art. 45 Abs. 3 lit. c AEUV berechtigt den Arbeitnehmer dazu, im Mitgliedstaat seiner Wahl eine Arbeit aufzunehmen.*

Eine Norm des Unionsrechts **gilt unmittelbar**, wenn sie so gefasst ist, dass sich der *Unionsbürger* darauf *berufen* kann, *ohne* dass es eines *Umsetzungsaktes* oder einer *konkretisierenden Durchführungsvorschrift* bedarf. Die unionsrechtliche Norm muss dazu sein:

- **unbedingt** (die Norm braucht nicht durch den Mitgliedstaat umgesetzt werden) und
- **bestimmt** (die Norm ist so formuliert, dass der Regelungsgehalt erkennbar ist).

EuGH ‚van Gend & Loos' 1963
Das niederländische Unternehmen van Gend & Loos führte bestimmte Chemieprodukte ein. Darauf erhoben die Niederlande anstelle des einheitlichen Gemeinschaftszolls einen erhöhten nationalen Zoll; das Unternehmen wehrte sich dagegen und berief sich auf das Verbot von Binnenzöllen nach Art. 30 AEUV. Art. 30 AEUV richtet sich zwar im Wortlaut an die Mitgliedstaaten („[Z]ölle [...] sind zwischen den Mitgliedstaaten verboten."); die Norm ist aber hinreichend bestimmt und unbedingt. Damit kommt Art. 30 AEUV unmittelbare Wirkung zu: Darauf kann sich also ein Unternehmen berufen, das von den Zöllen betroffen ist.

Die **unmittelbare Geltung des Unionsrechts** hat zur Folge, dass sich der Einzelne sowohl vor mitgliedstaatlichen Gerichten als auch *vor dem EuGH* auf das Unionsrecht *berufen* kann. Andererseits führt die unmittelbare Geltung des Unionsrecht auch dazu, dass der Einzelne dadurch unmittelbar *verpflichtet* wird.

> **Bsp.:** *Die Arbeitnehmerfreizügigkeit nach Art. 45 AEUV verpflichtet auch den privaten Arbeitgeber* (siehe Kapitel 4, B.II.2.c.).

Wiederholungsfragen zum 1. und 2. Kapitel

1. Was bedeutet Europarecht im weiteren Sinn?

Europarecht im weiteren Sinn ist das Recht aller internationalen Organisation in Europa.

2. Was bedeutet Europarecht im engeren Sinn?

Europarecht im engeren Sinn ist nur das Recht der Europäischen Union mitsamt dem Recht der Europäischen Atomgemeinschaft.

3. Wozu führte der *Schuman*-Plan?

Der *Schuman*-Plan führte zur Gründung der EGKS.

4. Für welche Rechtstexte wurde die Konventsmethode angewendet?

Die Konventsmethode wurde für die Grundrechtecharta der EU und den Europäischen Verfassungsvertrag angewandt.

5. In welchen Erweiterungsrunden ist die Europäische Union gewachsen?

Die EU ist durch die Norderweiterung, die 1. und 2. Süderweiterung, die EFTA-Erweiterung und die Osterweiterungen gewachsen.

6. Wie ist die EU aufgebaut?

Die EU kann man sich wie eine mittelalterliche Burg aufgebaut vorstellen, wobei die überstaatlichen Politiken sich als Palas und Wohnturm darstellen lassen, während die GASP sich durch den Bergfried abbilden lässt.

7. Welche Voraussetzungen müssen für einen EU-Beitritt erfüllt sein?

Die Voraussetzungen für einen EU-Beitritt sind in den ‚Kopenhagener Kriterien' von 1993 zusammengefasst.

8. Wann können bestimmte Rechte eines Mitgliedstaates ausgesetzt werden?

Bei schwerer Verletzung wichtiger Grundsätze können bestimmte Rechte eines Mitgliedstaates ausgesetzt werden.

9. Weshalb ist die EU kein Staat?

Die EU ist kein Staat, weil ihr die Kompetenz-Kompetenz fehlt.

10. Als was kann die EU bezeichnet werden?

Die EU kann als Staatenverbund bezeichnet werden.

11. Wodurch ist das Verhältnis von Union und Mitgliedstaaten gekennzeichnet?

Das Verhältnis von Union und Mitgliedstaaten ist durch den Grundsatz der Unionstreue gekennzeichnet.

12. Weshalb bildet das Unionsrecht eine eigene Rechtsordnung?

Das Unionsrecht bildet eine eigene Rechtsordnung, weil die Mitgliedstaaten durch Souveränitätsbeschränkung ein verbindliches Recht geschaffen haben.

13. Unter welchen Voraussetzungen gilt eine Unionsnorm unmittelbar?

Eine Unionsnorm gilt unmittelbar, wenn sie unbedingt, d.h. kein weiterer Akt erforderlich ist, und bestimmt, d.h. klar formuliert ist.

14. Welchem Recht gegenüber gilt der Anwendungsvorrang des Unionsrechts?

Der Vorrang des Unionsrechts gilt gegenüber jeder Stufe des nationalen Rechts.

15. Welche Auswirkungen hat der Vorrang des Unionsrecht auf das nationale Recht?

Der Anwendungsvorrang des Unionsrechts bewirkt, dass entgegenstehendes nationales Recht nicht angewendet wird.

3. Kapitel
Die Quellen des Unionsrechts

Das Unionsrecht basiert auf den *Verträgen* (**primäres Unionsrecht**) und den *auf dieser Grundlage erlassenen Rechtsakten* (**sekundäres Unionsrecht**). Damit steht das primäre Unionsrecht im Rang über dem sekundären Unionsrecht und dient ihm als Prüfungsmaßstab. Im Rang zwischen Primär- und Sekundärrecht stehen schließlich die von der Union im Rahmen ihrer Außenkompetenz abgeschlossenen Völkerrechtsverträge (vgl. Art. 218 AEUV).

A. Das primäre Unionsrecht

Das **primäre Unionsrecht** umfasst die *Unionsverträge*, die *Grundrechtecharta* sowie die *allgemeinen Rechtsgrundsätze*, die rechtlich gleichrangig sind.

I. Die Unionsverträge

Mit den **Unionsverträgen** sind EUV und AEUV gemeint. Da mit den Unionsverträgen eine neue überstaatliche Rechtsordnung geschaffen wurde (EuGH ‚van Gend & Loos' 1963), bezeichnete der EuGH (‚Europäischer Wirtschaftsraum I' 1991) den damaligen Gemeinschaftsvertrag auch als

„die grundlegende **Verfassungsurkunde** einer **Rechtsgemeinschaft**".

Walter **Hallstein**, geb. 1901 in Mainz, gest. 1982 in Stuttgart. Juraprofessor in Rostock von 1930 an, dann seit 1941 in Frankfurt/Main. 1950 Delegationsleiter bei den Verhandlungen zum *Schuman*-Plan. Staatssekretär des Auswärtigen Amts von 1951 bis 1957. Erster Präsident der EWG-Kommission von 1958 bis 1967. 1968 bis 1974 Präsident der Internationalen Europäischen Bewegung. Schöpfer des Ausdrucks von der EG als „Rechtsgemeinschaft".

Die dem EUV und dem AEUV beigefügten **Protokolle** sind gemäß Art. 51 EUV *Bestandteil der Verträge* und haben damit den gleichen Rang wie die Verträge. Die Protokolle ergänzen die Unionsverträge und können Sonderregelungen für einzelne Mitgliedstaaten und Übergangsvorschriften vorsehen.

> **Bsp.**: Protokoll über die [Nicht-]Anwendung der Charta der Grundrechte der Europäischen Union auf Polen und Großbritannien.

21

II. Die Grundrechtecharta

Bei der Grundrechtecharta handelt es sich um einen Katalog der Grundrechte der EU. Die darin enthaltenen Rechte, Freiheiten und Grundsätze erkennt die EU gemäß Art. 6 Abs. 1 UAbs. 1 Hs. 1 EUV an. Rechtlich gesehen steht die Grundrechtecharta gemäß Art. 6 Abs. 1 UAbs. 1 Hs. 2 EUV auf dem gleichen Rang wie die Verträge. Vgl. unten Kapitel 4, A..

III. Die allgemeinen Rechtsgrundsätze

Allgemeine Rechtsgrundsätze werden in Art. 340 Abs. 2 AEUV bei der Amtshaftung der Union erwähnt. Der EuGH hat sie über die Amtshaftung hinaus für das gesamte Unionsrecht erschlossen. Dabei handelt es sich um *ungeschriebene Regeln* von *grundsätzlicher Bedeutung*, die Behörden und Gerichte *binden*.

Die allgemeinen Rechtsgrundsätze werden aus zwei verschiedenen **Quellen** hergeleitet. Zum einen sind das *spezifisch unionsrechtliche* allgemeine Rechtsgrundsätze, zum anderen allgemeine Rechtsgrundsätze, die sich *aus den gemeinsamen Verfassungsüberlieferungen* der *Mitgliedstaaten* ergeben.

Spezifisch **unionsrechtliche** allgemeine Rechtsgrundsätze hat der EuGH entwickelt, indem er zunächst von der *Eigenart des Unionsrechts* ausging. Dann begründete er sie mit dem ,*effet utile*'-Gedanken („nützliche Wirkung"). Danach muss das Unionsrecht so ausgelegt werden, dass die Vertragsziele am ehesten erreicht werden.

> **Bsp.**: *unmittelbare Wirkung (,Van Gend & Loos' 1963) und Vorrang des Unionsrechts (,Costa/ENEL' 1964)* (vgl. dazu Kapitel 2).

Allgemeine Rechtsgrundsätze, die sich aus den **gemeinsamen Verfassungsüberlieferungen** der **Mitgliedstaaten** ergeben, gewinnt der EuGH durch *„wertende" Rechtsvergleichung*. Dabei dienen die mitgliedstaatlichen Rechtsordnungen als Rechtserkenntnisquelle. Aus der Zusammenschau der mitgliedstaatlichen Bestimmungen entsteht ein eigenständiger unionsrechtlicher Rechtssatz. Dieser stellt jedoch nicht den kleinsten gemeinsamen Nenner der Rechtsordnungen dar, sondern enthält die Lösung, die für die Unionsrechtsordnung am besten ist (EuGH ,Internationale Handelsgesellschaft' 1970).

> **Bsp.**: *Rechtssicherheit (EuGH ,SNUPAT' 1961); Vertrauensschutz (EuGH ,CNTA' 1975).*

Übersicht 5: **Der Stufenbau der Quellen des Unionsrechts**

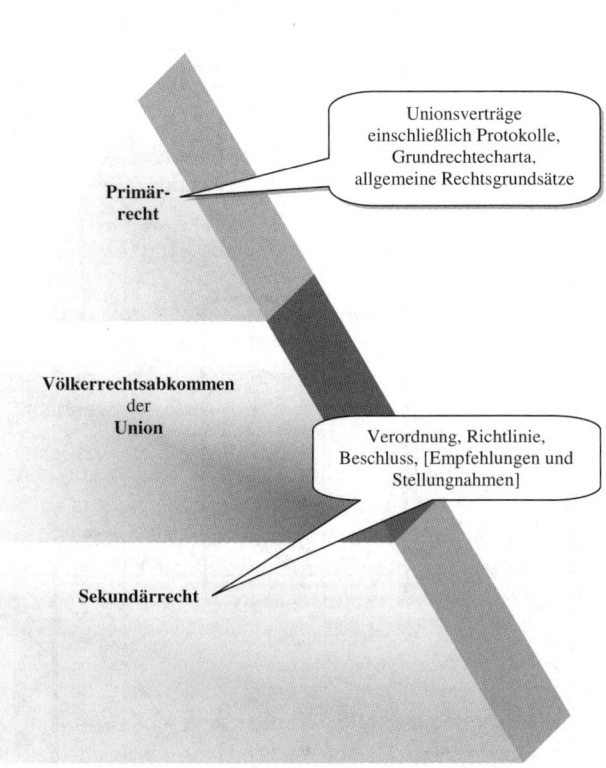

Übersicht 6: **Die Quellen des Unionsrechts**

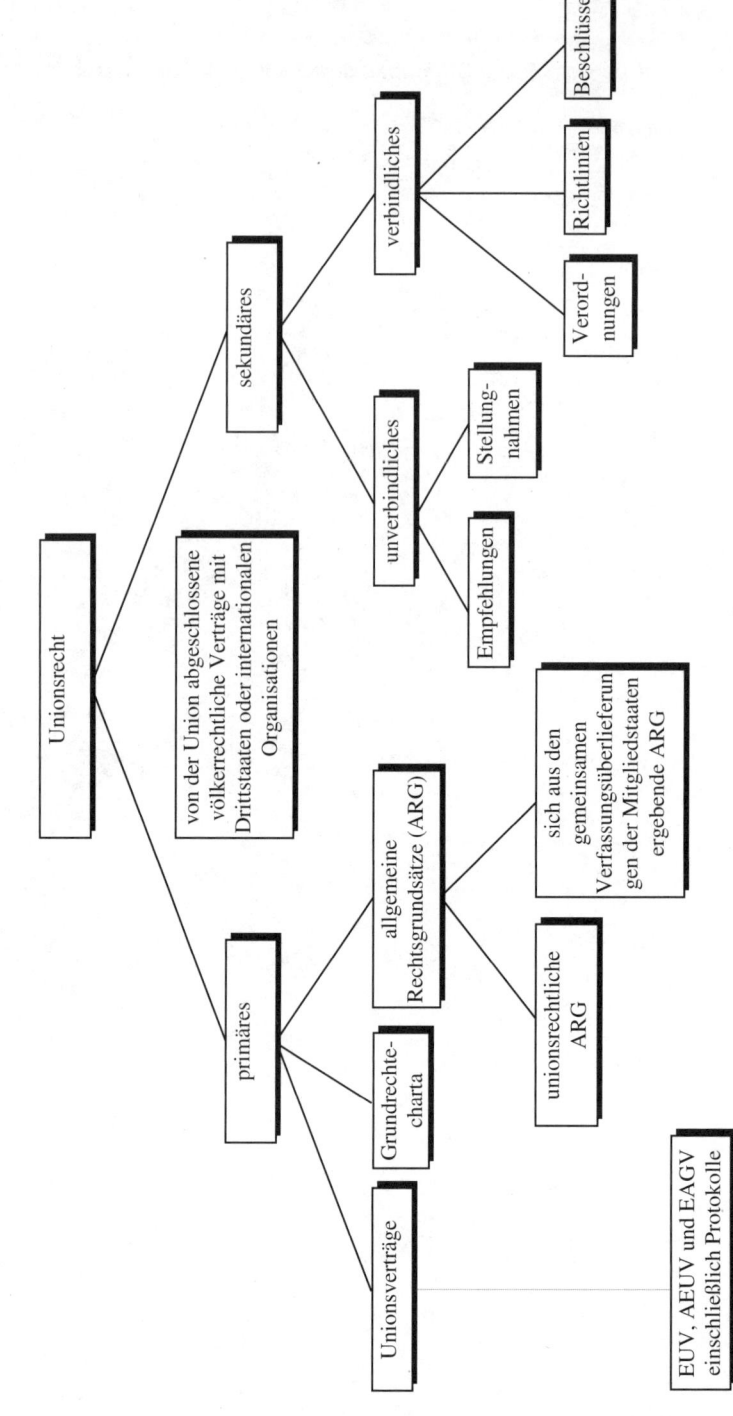

B. Das sekundäre Unionsrecht

Nach Art. 288 Abs. 1 AEUV erlässt die EU zur Erfüllung ihrer Aufgaben als **Rechtsakte**
- *Verordnung,*
- *Richtlinie,*
- *Beschluss* sowie
- *Empfehlung* und *Stellungnahme.*

I. Die Verordnung

Die Verordnung hat nach Art. 288 Abs. 2 S. 1 AEUV allgemeine Geltung. Sie ist in allen ihren Teilen verbindlich und gilt unmittelbar in jedem Mitgliedstaat (Art. 288 Abs. 2 S. 2 AEUV).

Zunächst **gilt** die Verordnung **allgemein**. Als Rechtssatz regelt sie eine unbestimmte Anzahl von Sachverhalten *abstrakt-generell*.

Die Verordnung entspricht einem nationalen Gesetz.

Weiterhin ist die Verordnung **verbindlich,** was sich bereits aus ihrer Eigenschaft als Rechtssatz ergibt. Im Gegensatz zur Richtlinie ist sie nicht nur hinsichtlich ihres Zieles, sondern **in allen Teilen** verbindlich.

Schließlich **gilt** die Verordnung **unmittelbar** in jedem Mitgliedstaat. Die Mitgliedstaaten dürfen *keine Gesetze zur Umsetzung* der Verordnung erlassen, außer die Verordnung erfordert zusätzliche Durchführungsgesetze.

> **Bsp.:** *Italien hatte zwei Verordnungen im Wortlaut als nationales Gesetzesdekret umgesetzt und das Inkrafttreten der Verordnungen durch ein weiteres Gesetz hinausgeschoben. Das war unzulässig, weil „die Normadressaten über den Unionscharakter im unklaren gelassen werden" (EuGH ‚Variola' 1973).*

Die mitgliedstaatlichen Behörden sind verpflichtet, die Verordnung anzuwenden und zu vollziehen. Von den Gerichten der Mitgliedstaaten ist entgegenstehendes nationales Recht für nicht anwendbar zu erklären.

II. Die Richtlinie

Im Unterschied zur Verordnung ist die Richtlinie nach Art. 288 Abs. 3 AEUV grundsätzlich **nur hinsichtlich des** zu **erreichenden Zieles verbindlich**.

Die **Richtlinie entspricht** in etwa einem **Grundsatzgesetz** in *Österreich* (Art. 12 Abs. 4 B-VG) und in der *Schweiz* (vgl. etwa Art. 75 Abs. 1 BV).

Die Richtlinie wird auf Grund ihrer Eigenschaft in einem zweistufigen Verfahren erlassen. Zunächst wird der rechtliche Rahmen durch die Union inhaltlich festgelegt. Den Mitgliedstaaten ist es dann überlassen, welche

- Form

  Bsp.: nationale Gesetze, nationale Verordnungen, völkerrechtliches Abkommen.

- Mittel

sie zur Umsetzung der Richtlinie wählen.

Die *Wahlfreiheit* des Mitgliedstaates ist allerdings dahingehend eingeschränkt, dass die Mitgliedstaaten dem EuGH zufolge ('Royer' 1976) eine Richtlinie nur dann ordnungsgemäß umsetzen, wenn sie

„**Form** und **Mittel** wählen [...], die sich zur **Gewährleistung** der **praktischen Wirksamkeit** (effet utile) der Richtlinien unter Berücksichtigung des mit ihnen verfolgten Zwecks **am besten** [eignet]."

Bei der „**detaillierten Richtlinie**" ist die Wahlfreiheit der Mitgliedstaaten auf Null reduziert, weil die Richtlinie entweder

- ➤ *enge Zielbestimmungen* setzt oder
- ➤ *Form* und *Mittel* schon *vorgibt*.

Bsp.: Richtlinie zur Regelung der Sommerzeit.

Da es eines Umsetzungsaktes durch die Mitgliedstaaten bedarf, ist die Richtlinie im Gegensatz zur Verordnung grundsätzlich nicht unmittelbar anwendbar. Damit ein Mitgliedstaat sich *nicht durch* die *unterlassene Umsetzung* einer Richtlinie *auf entgegenstehende nationale Bestimmungen berufen* kann, entfaltet eine Richtlinie **ausnahmsweise unmittelbare Wirkung.**

Nach dem EuGH sind Richtlinien unmittelbar anwendbar, wenn

- die **Umsetzungsfrist abgelaufen ist,**
- die **Richtlinie nicht** oder **nicht ordnungsgemäß umgesetzt** wurde und
- sie **inhaltlich unbedingt** und **hinreichend genau** sind.

EuGH , Becker' 1982

Nach der 6. Umsatzsteuerrichtlinie ist unter anderem die Vermittlung von Krediten nicht steuerpflichtig. Obwohl die Richtlinie bis zum 1. Januar 1979 hätte umgesetzt werden müssen, trat das deutsche Umsetzungsgesetz erst ein Jahr später in Kraft. Die Kreditvermittlerin Ursula Becker beantragte Steuerbefreiung für ihre im Jahr 1979 erzielten Umsätze; der Antrag wurde jedoch vom zuständigen Finanzamt abgelehnt, wogegen sie gerichtlich vorging. Im Vorabentscheidungsverfahren hat der EuGH dann entschieden, dass die betreffende Bestimmung der Richtlinie unmittelbar geltendes Recht war.

Richtlinienbestimmungen sind (vgl. EuGH , Francovich' 1991)

- **inhaltlich unbedingt**, wenn sie
  keinerlei Vorbehalt, Ermessen oder **Beurteilungsspielraum** lassen,

- **hinreichend genau**, wenn
  bestimmbar ist, wer welche Leistung von wem verlangen kann.

Auf die **unmittelbare Wirkung** einer Richtlinie kann sich nur der *von der Richtlinie begünstigte Betroffene* berufen (vertikale Wirkung). Da eine Richtlinie sich nur an die Mitgliedstaaten richtet und den Einzelnen daher nicht verpflichten kann (EuGH , Marshall I' 1986), können sich **nicht** auf die unmittelbare Wirkung einer Richtlinie berufen

- der *Mitgliedstaat zu Lasten* des *Einzelnen*
- *Privatpersonen untereinander* (horizontale Wirkung).

Allerdings kommt eine indirekte horizontale Wirkung im privaten Rechtsverhältnis durch **richtlinienkonforme Auslegung** des nationalen Rechts in Betracht, da Unionsrecht allgemein bei der Auslegung und Anwendung des Rechtes der Mitgliedstaaten zu berücksichtigen ist.

III. Der Beschluss

Nach Art. 288 Abs. 4 AEUV sind Beschlüsse in allen ihren Teilen für denjenigen verbindlich, den sie bezeichnen. Im Unterschied zur Verordnung treffen sie eine konkret-individuelle Regelung für den Einzelfall.

> Der **Beschluss** entspricht in *Deutschland* einem **Verwaltungsakt** (§ 35 VwVfG), in *Österreich* einem **Bescheid** (vgl. Art. 131 und 144 B-VG) und in der *Schweiz* einer **Verfügung** (Art. 5 Abs. 1 VwVG).

Grundsätzlich entfaltet der Beschluss eine **Bindungswirkung nur für** seine **Adressaten**. Das sind neben

➢ den *Mitgliedstaaten*

Bsp.: Beschluss der Kommission über die Zulässigkeit einer mitgliedstaatlichen Beihilfe nach Art. 108 Abs. 2 AEUV.

➢ auch *natürliche* und *juristische Personen*.

Bsp.: Beschluss der Kommission über eine Geldbuße gegen ein Software-Unternehmen wegen Verstoßes gegen das Kartellverbot nach Art. 101 AEUV.

Allerdings kann ein an Mitgliedstaaten gerichteter Beschluss unter ähnlichen Voraussetzungen wie eine Richtlinie unmittelbare Wirkungen haben.

> **EuGH ,Leberpfennig' 1970**
> Der ,Leberpfennig' wurde benannt nach dem damaligen deutschen Verkehrsminister: Deutschland erhob ihn vom Güterverkehr für die Straßennutzung. Das widersprach allerdings einer Ratsentscheidung (heute: Beschluss), die an die Mitgliedstaaten gerichtet war. Denn in der EG wurde eine gemeinsame Umsatzsteuer eingeführt; ähnliche Steuern sollten daher abgeschafft werden. Gegen den ,Leberpfennig' klagte deshalb ein Unternehmer, der zahlen musste; dabei berief sich der Unternehmer darauf, dass die Entscheidung unmittelbar anwendbar sei. Da der Beschluss eine zwingende und allgemeine Verpflichtung enthält, die unbedingt sowie hinreichend klar und genau ist, erzeugt sie eine unmittelbare Wirkung gegenüber dem Einzelnen. Allerdings ist der ,Leberpfennig' keine vom Verbot betroffene Steuer im Sinne der Entscheidung: Der Unternehmer musste den ,Leberpfennig' trotzdem berappen.

Die **„Schein-Verordnung"** ist zwar
* *formell* als *Verordnung* erlassen,
* *materiell* gesehen aber ein *Beschluss*.

Sie kann *mangels Rechtsetzungskompetenz* (siehe Kapitel 5) nichtig sein und lässt sich durch die **Nichtigkeitsklage** angreifen (siehe Kapitel 9).

Der Rahmenbeschluss, der im Bereich der GASP und früher der justiziellen Zusammenarbeit in Strafsachen erlassen wird, gleicht dagegen einer Richtlinie.

Bsp.: der Europäische Haftbefehl.

IV. Die unverbindlichen Rechtsakte

Nach Art. 288 Abs. 5 AEUV sind **Empfehlungen** und **Stellungnahmen** *unverbindliche* Rechtsakte. Sie sind aber *politisch bedeutsam*. So äußern die EU-Organe damit ihre Ansichten und können dadurch Einfluss auf die Mitgliedstaaten ausüben.
Dem EuGH zufolge sind

> „die **innerstaatlichen Gerichte** [...] **verpflichtet,** [...] **Empfehlungen** bei der Entscheidung über bei ihnen anhängige Rechtsstreitigkeiten zu **berücksichtigen,** insbesondere dann, wenn die Empfehlungen geeignet sind, Aufschluss über die **Auslegung** anderer **innerstaatlicher** oder **[unionsrecht]licher Bestimmungen** zu geben."

EuGH ‚Grimaldi' 1989
Der Italiener Grimaldi hatte lange Jahre in Belgien gearbeitet; als er krank wurde, beantragte er Leistungen im Krankheitsfall. Sein Antrag wurde jedoch von einem belgischen Fonds für Berufskrankheiten abgelehnt: Die betreffende Krankheit war nicht in der belgischen Liste der Berufskrankheiten aufgeführt. Allerdings stand die Krankheit auf einer europäischer Empfehlungsliste, die aber noch nicht in das nationale Recht übernommen worden war. Im Rechtsstreit zwischen Grimaldi und den belgischen Behörden legte das nationale Gericht das Verfahren dem EuGH vor. Der EuGH entschied, dass das nationale Gericht verpflichtet war, die Empfehlung zu berücksichtigen.

Entsprechendes gilt für Stellungnahmen.

V. Die unbenannten Rechtsakte

Die Aufzählung der Rechtsakte in Art. 288 Abs. 1 AEUV ist nicht abschließend: Die Unionsorgane erlassen vielfach noch
  ➢ *Aktionen*
  ➢ *Programme.*
Bsp.: *ERASMUS-Programm.*

Wiederholungsfragen zum 3. Kapitel

1. Welche Arten des Unionsrecht können unterschieden werden?

Das Unionsrecht unterteilt sich in primäres und sekundäres Unionsrecht.

2. In welchem Verhältnis stehen primäres und sekundäres Unionsrecht?

Das primäre Unionsrecht steht im Rang über dem sekundären Unionsrecht und dient ihm als Prüfungsmaßstab.

3. Woraus besteht das primäre Unionsrecht?

Das primäre Unionsrecht besteht aus den Unionsverträgen und dem EAGV mitsamt der zugehörigen Protokolle. Außerdem zählen dazu die allgemeinen Rechtsgrundsätze.

4. Was versteht man unter sekundärem Unionsrecht?

Sekundäres Unionsrecht sind die auf Grundlage des primären Unionsrechts erlassenen Rechtsnormen.

5. Was sind allgemeine Rechtsgrundsätze?

Allgemeine Rechtsgrundsätze sind Grundsätze, die sich entweder aus der Eigenart des Unionsrechts ergeben oder die den Rechtsordnungen der Mitgliedstaaten gemeinsam sind und durch wertende Rechtsvergleichung gewonnen werden.

6. Welche Rechtsakte umfasst das sekundäre Unionsrecht?

Das sekundäre Unionsrecht umfasst nach Art. 288 AEUV Verordnungen, Richtlinien, Beschlüsse, Empfehlungen, Stellungnahmen.

7. Welche Eigenschaften weist die Verordnung auf?

Die Verordnung ist in allen Teilen verbindlich und gilt unmittelbar in jedem Mitgliedstaat sowie allgemein.

8. Was zeichnet eine Richtlinie aus?

Die Richtlinie ist nur hinsichtlich des zu erreichenden Zieles verbindlich, überlässt jedoch den Mitgliedstaaten die Wahl der Form und der Mittel.

9. Wann ist eine Richtlinie unmittelbar anwendbar?

Eine Richtlinie ist unmittelbar anwendbar, wenn ihre Umsetzungsfrist abgelaufen ist, sie nicht oder nicht ordnungsgemäß umgesetzt wurde und inhaltlich unbedingt und hinreichend genau ist.

10. Wer kann sich nicht auf die unmittelbare Wirkung einer Richtlinie berufen?

Auf die unmittelbare Wirkung einer Richtlinie können sich nicht der Mitgliedstaat zu Lasten des Einzelnen sowie Privatpersonen untereinander berufen.

11. Was unterscheidet den Beschluss von der Verordnung?

Im Unterschied zur Verordnung trifft der Beschluss eine konkret-individuelle Regelung für den Einzelfall.

12. Welche Rechtsakte sind unverbindlich?

Empfehlungen und Stellungnahmen sind unverbindliche Rechtsakte.

4. Kapitel

Grundrechte, Grundfreiheiten und Unionsbürgerschaft

Die **Grundrechte** der EU dienen in erster Linie dem Schutz der Freiheit des Einzelnen vor der Union sowie vor den Mitgliedstaaten, soweit diese Unionsrecht durchführen. Den Bestand der Unionsgrundrechte haben zunächst die Grundrechte der *EMRK* gebildet zusammen mit den *allgemeinen Rechtsgrundsätzen*, wie sie der EuGH *aus den gemeinsamen Verfassungsüberlieferungen* der *Mitgliedstaaten* herausgelesen hat (Art. 6 Abs. 3 EUV). Als weitere Quelle der Unionsgrundrechte ist später die *EU-Grundrechtecharta* hinzugetreten (Art. 6 Abs. 1 UAbs. 1 Hs. 1 EUV).

Die Funktion der **Grundfreiheiten** hat sich ursprünglich darauf beschränkt, den *Binnenmarkt* zu *verwirklichen*. Dazu sollten die Grundfreiheiten den Abbau wirtschaftlicher Schranken zwischen den Mitgliedstaaten unterstützen. Die Grundfreiheiten sind jedoch auch Ausprägungen des allgemeinen Diskriminierungsverbotes nach Art. 18 AEUV. Da diese Vorschrift wiederum auf den grundrechtlichen allgemeinen Gleichheitssatz zurückgeht, weisen die Grundfreiheiten eine gewisse Nähe zu den Grundrechten auf. Sie lassen sich daher auch als *wirtschaftliche Unionsgrundrechte* bezeichnen. Im Unterschied zu den eigentlichen Unionsgrundrechten richten sie sich aber in erster Linie an die Mitgliedstaaten und sind auf den wirtschaftlichen Bereich beschränkt. Bei der Ausübung der Grundfreiheiten wirken die Unionsgrundrechte wiederum als Schranke.

EuGH ,Familiapress' 1997

Der Heinrich Bauer Verlag brachte in Deutschland eine Zeitschrift mit Preisausschreiben heraus. In Österreich waren solche Zeitschriften verboten, da mit Hilfe von Preisausschreiben ein aggressiver Wettbewerb stattfand, der kleinere Verleger vom Markt zu verdrängen drohte. Durch das Verbot sollte die Medienvielfalt aufrechterhalten werden. Für den Heinrich Bauer Verlag verstieß das Verbot gegen die Freiheit des Warenverkehrs. Da die Medienvielfalt dazu beiträgt, die Meinungsfreiheit zu wahren, kann dieses Grundrecht die Grundfreiheit beschränken.

Übersicht 7: **Das Verhältnis zwischen Grundfreiheiten und Grundrechten**

	Grundfreiheiten	**Grundrechte**
Rechtsquellen	Art. 34f., 45, 49, 56, 63 AEUV	EuGH-Rechtsprechung; EMRK; Grundrechtecharta
Rechtsnatur	Vertragsrecht	Allgemeine Rechtsgrundsätze; Vertragsrecht
Funktionen	Binnenmarktverwirklichung; Freiheitsschutz	Freiheitsschutz
Adressaten	Mitgliedstaaten	EU und Mitgliedstaaten
Arten	wirtschaftlich	politisch, wirtschaftlich, sozial

Mit der Einführung der **Unionsbürgerschaft** in Art. 20 AEUV hat die EU einen ersten Schritt gemacht von einer reinen Wirtschaftsgemeinschaft zu einem *Europa der Bürger*. Die Unionsbürgerschaft *gewährt* dem Einzelnen *Rechte*; diese ergänzen die Unionsgrundrechte und die Grundfreiheiten.

A. Die Grundrechte

Ursprünglich enthielten die Verträge keinen Grundrechtskatalog. Da Unionsakte aber auf Grund des Anwendungsvorrangs des Unionsrechts nicht am Maßstab mitgliedstaatlicher Grundrechte geprüft werden können (EuGH ‚Internationale Handelsgesellschaft' 1970), sah der EuGH sich dazu veranlasst, **Grundrechte** für die EU herauszubilden.

Dazu hat der EuGH zunächst aus der Unionsrechtsordnung *allgemeine Rechtsgrundsätze* herausgelesen, die *durch das Unionsrecht implizit garantiert* werden (‚Stauder' 1969). Außerdem hat der EuGH sich auf *gemeinsame Verfassungsüberlieferungen der Mitgliedstaaten* gestützt, die er rechtsvergleichend ausfindig machte (‚Hauer' 1979). Eine weitere Erkenntnisquelle für Grundrechte waren ferner *internationale Verträge über den Schutz der Menschenrechte*, hier vor allem die EMRK.

Durch einen Beitritt zur EMRK hätte die EU dann über einen Grundrechtskatalog verfügen können, doch erst der Lissabon-Vertrag hat die Zuständigkeit der EU für einen EMRK-Beitritt geschaffen (Art. 6 Abs. 2 EUV). Den daraufhin verhandelten Abkommensentwurf hat der EuGH in seinem Gutachten 2/13 vom 18. 12. 2014 wegen Unvereinbarkeit mit den Verträgen abgelehnt. Gemäß Art. 218 Abs. 11 S. 2 AEUV muss das Abkommen neu verhandelt werden oder müssen die Verträge geändert werden.

In den Jahren 1999 und 2000 erarbeitete ein Grundrechtekonvent einen eigenen Grundrechtskatalog für die EU. Gemäß Art. 6 Abs. 1 UAbs. 1 Hs. 1 EUV erkennt die EU nunmehr die Rechte, Freiheiten und Grundsätze der Grundrechtecharta an. Die Grundrechtecharta hat gemäß Art. 6 Abs. 1 UAbs. 1 Hs. 2 EUV rechtlich den gleichen Rang wie die Verträge.

Die Grundrechtecharta besteht aus sieben Titeln; die Grundrechte sind nach Kategorien zusammengefasst: ‚Würde des Menschen', ‚Freiheiten', ‚Gleichheit', ‚Solidarität', ‚Bürgerrechte' und ‚Justizielle Rechte'. Der siebte Titel enthält dagegen allgemeine Bestimmungen darüber, wie die Grundrechtecharta ausgelegt und angewendet wird.

B. Die Grundfreiheiten

Die Grundfreiheiten tragen dazu bei, den **Binnenmarkt** zu **verwirklichen**. Das ist ein Raum ohne Binnengrenzen, in dem der *freie Verkehr* von *Waren, Personen, Dienstleistungen* und *Kapital* gewährleistet ist (Art. 26 Abs. 2 AEUV). Außerdem **schützen** die Grundfreiheiten bestimmte Handlungsbereiche der **Unionsbürger**. Ob eine bestimmte Maßnahme gegen eine Grundfreiheit verstößt, lässt sich auf Grund des Schutzcharakters der Grundfreiheiten prüfen wie bei Grundrechten:

1. **Schutzbereich** der Grundfreiheit
2. **Eingriff** in die Grundfreiheit
3. **Rechtfertigung** des **Eingriffes** in die Grundfreiheit.

Die fragliche Maßnahme kann zunächst in den Schutzbereich der **Warenverkehrsfreiheit**, einer **Personenverkehrsfreiheit** oder der **Kapitalverkehrsfreiheit** fallen; sonst kommt *subsidiär* die **Dienstleistungsfreiheit** in Betracht. *Auffang-Tatbestand* ist schließlich das **allgemeine Diskriminierungsverbot** nach Art. 18 AEUV.

Als Ausfluss des allgemeinen Diskriminierungsverbots zielen alle Grundfreiheiten zunächst auf eine **Inländergleichbehandlung** ab: *EU-Ausländer* dürfen ihrer Herkunft wegen *nicht schlechter* gestellt werden *als Inländer*. Allerdings verbietet das Unionsrecht nicht die ‚umgekehrte Diskriminierung': Ob ein Bürger in seinem Mitgliedstaat schlechter als ein EU-Ausländer behandelt werden darf, beurteilt sich nach innerstaatlichem Recht. Dabei ist eine **Diskriminierung**

> ➢ **offen**, wenn sie *ausdrücklich* auf die *Staatsangehörigkeit* abstellt (unterschiedlich geltende Maßnahme), und
> ➢ **versteckt**, wenn *regelmäßig nur In-* oder *Ausländer* die Kriterien erfüllen (unterschiedslos geltende, aber unterschiedlich wirkende Maßnahme).
> ***Bsp.:*** *Im Unterschied zu schwedischen Staatsangehörigen wird von EU-Ausländern eine Sicherheitsleistung im Prozess verlangt (offene Diskriminierung). In Frankreich müssen alle Kellner einwandfrei Französisch sprechen können: Nur EU-Ausländer müssen es als Fremdsprache lernen (versteckte Diskriminierung).*

Der EuGH hat nun zu Beschränkungsverboten jene Grundfreiheiten ausgebaut, die ursprünglich nur Diskriminierungsverbote waren (Personenverkehrsfreiheiten und Dienstleistungsfreiheit). Das deutet daraufhin, dass sich die Grundfreiheiten aufeinander zubewegen (**Konvergenz der Grundfreiheiten**). Diese Entwicklung zeigt sich auch daran, dass der EuGH mittlerweile Eingriffe in alle Grundfreiheiten unter den *gleichen Voraussetzungen* als *gerechtfertigt* ansieht (‚Gebhard' 1995). Damit sind auf die anderen Grundfreiheiten übertragbar die Grundsätze, die der EuGH im Rahmen der Warenverkehrsfreiheit entwickelt hat (‚Keck'-Formel, ‚Cassis de Dijon'-Formel). Ist der Eingriff in die Grundfreiheit gerechtfertigt, so ist die betreffende Maßnahme zulässig.

GRUNDRECHTE, GRUNDFREIHEITEN UND UNIONSBÜRGERSCHAFT

Übersicht 8: **Die Grundfreiheiten**

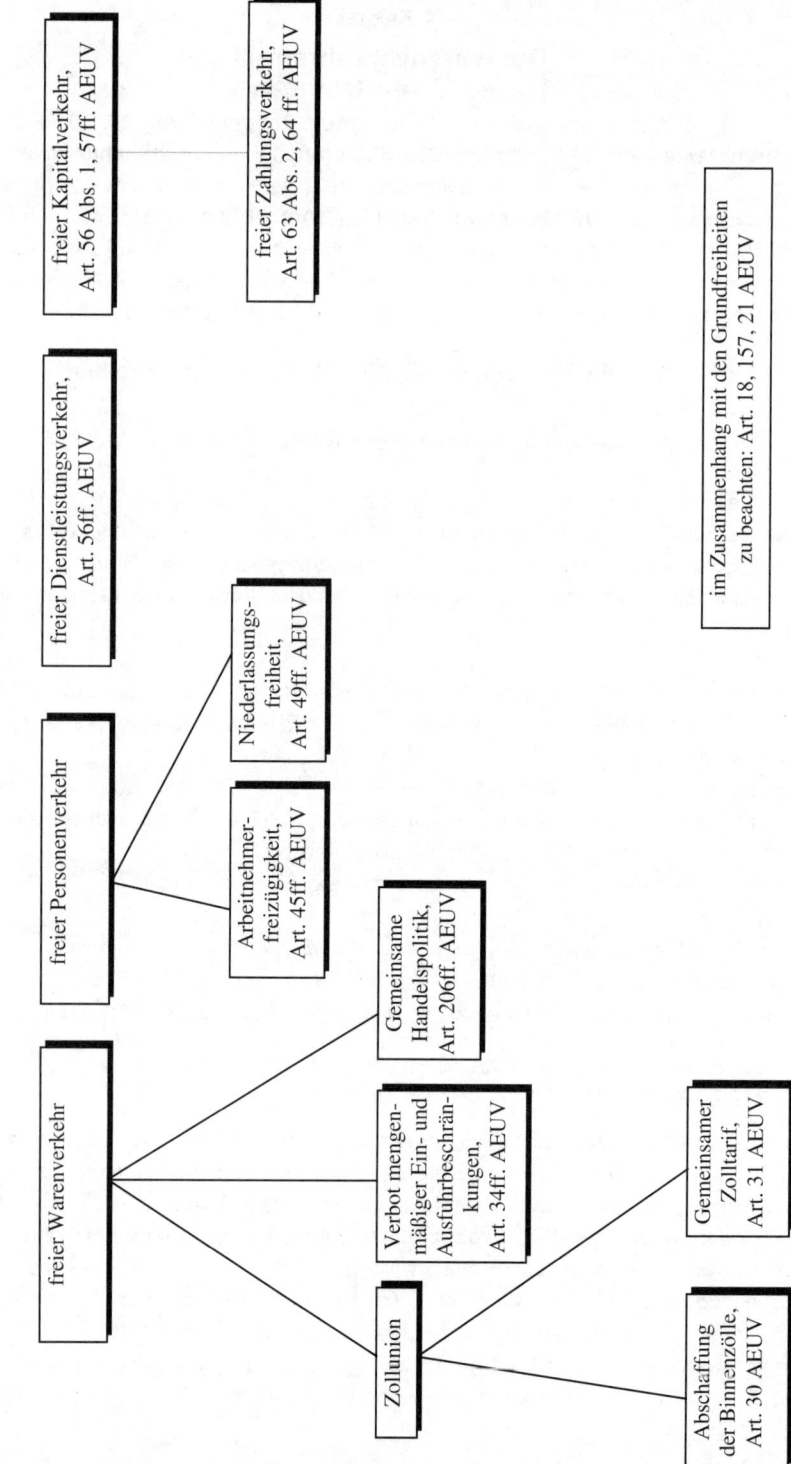

4. KAPITEL

I. Die Warenverkehrsfreiheit

Die Warenverkehrsfreiheit wird vor allem durch die **Zollunion** (Art. 28, 30 AEUV) und das **Verbot mengenmäßiger Beschränkungen** (Art. 34f. AEUV) gewährleistet.

1. Schutzbereich der Warenverkehrsfreiheit

Der Schutzbereich der Warenverkehrsfreiheit muss sachlich, persönlich und räumlich betroffen sein.

a. Sachlicher Schutzbereich der Warenverkehrsfreiheit

Die Warenverkehrsfreiheit gemäß Art. 34 AEUV schützt **Waren** im Sinne des Art. 28 Abs. 2 AEUV, d.h.

alle **körperlichen Gegenstände**, die einen **Handelswert** aufweisen.

> *EuGH ,Kunstschätze I' 1968*
> Die Ausfuhr von Kunstgegenständen war nach italienischem Recht in bestimmten Fällen abhängig von der Zahlung einer Abgabe. Die Kommission erklärte die italienische Norm für unvereinbar mit Unionsrecht. Italien wandte dagegen ein, Kunstgegenstände seien keine Verbrauchsgüter und daher keine Gegenstände des allgemeinen Handels. Was aber einen Gegenstand zu einer Handelssache macht, ist sein Geldwert. Geldwerte Kunstgegenstände sind damit Waren.

Elektrizität gilt **trotz fehlender Verkörperung** als **Ware**.

b. Persönlicher Schutzbereich der Warenverkehrsfreiheit

Im Unterschied zu den anderen Grundfreiheiten können sich neben Unionsbürgern **auch Nicht-Unionsbürger** auf die Warenverkehrsfreiheit berufen.

c. Räumlicher Schutzbereich der Warenverkehrsfreiheit

Die Warenverkehrsfreiheit gilt nur im Handel zwischen Mitgliedstaaten. Die Waren müssen dazu entweder
- ➤ aus den Mitgliedstaaten stammen oder
- ➤ sich gemäß Art. 28 AEUV in **freiem Verkehr** eines Mitgliedstaates befinden, d.h.

Waren aus Drittstaaten **müssen dort** ordnungsgemäß eingeführt **worden sein.**

Die Waren müssen schließlich die Grenze eines Mitgliedstaates überqueren (**grenzüberschreitender** Sachverhalt).

2. Eingriff in die Warenverkehrsfreiheit

Eingriffe in die Warenverkehrsfreiheit können durch **Ein- und Ausfuhrzölle** oder **Ein- und Ausfuhrbeschränkungen** erfolgen und sind nach Art. 30 bzw. 34 und 35 AEUV verboten. In die Warenverkehrsfreiheit wird auch durch das **Handeln privater Personen** eingegriffen.

a. Ein- und Ausfuhrzölle

Dem Binnenmarkt liegt in erster Linie die Idee einer Zollunion zugrunde. Daraus folgt neben der Einführung eines Gemeinsamen Zolltarifs gegenüber Nichtmitgliedstaaten, dass Zölle im Handelsverkehr zwischen Mitgliedstaaten abgeschafft werden. Ein **Eingriff** in die Freiheit des Warenverkehrs liegt demnach gemäß Art. 30 AEUV vor, wenn ein Mitgliedstaat *Ein-* bzw. *Ausfuhrzölle* auf Waren erhebt. *Abgaben gleicher Wirkung* sind gleichfalls verboten.

b. Mengenmäßige Ein- und Ausfuhrbeschränkungen

Ein **Eingriff** in die Freiheit des Warenverkehrs liegt gemäß Art. 34 bzw. 35 AEUV vor, wenn ein Mitgliedstaat die Ein- bzw. Ausfuhr von Waren mengenmäßig beschränkt. Unter **mengenmäßige Beschränkungen** fallen für den EuGH (‚Geddo' 1973)

> "alle **staatlichen Maßnahmen**, welche die **Ein-, Aus-** oder **Durchfuhr** von **Waren** ganz oder teilweise **untersagen**".

Diese können von *Kontingentierungen* bis zum *Verbot* reichen. Dabei sind Mengenkontingente und Wertkontingente zu unterscheiden.

> *Bsp.: Die Einfuhr von T-Shirts wird auf eine Stückzahl von 1 Million (Mengenkontingent) bzw. auf den Wert von EUR 10 Millionen begrenzt (Wertkontingent).*

Maßnahmen, die die **gleiche Wirkung** haben wie mengenmäßige Beschränkungen, sind gleichfalls verboten. Darunter verstand der EuGH zunächst

> "jede **Maßnahme**, die **geeignet** ist, den [...] **Handel [innerhalb der Union]** unmittelbar oder mittelbar, tatsächlich oder potentiell **zu stören**".

EuGH ‚Dassonville' 1974
Der französische Händler Dassonville führte nach Belgien schottischen Whisky ein, den er in Frankreich gekauft hatte. Dabei verletzte er belgisches Recht: Er hätte eine Ursprungsbescheinigung der britischen Behörden vorlegen müssen. Diese war aber für ihn schwerer zu beschaffen als für einen Direktimporteur. Die Formvorschrift war damit eine Maßnahme gleicher Wirkung wie eine Einfuhrbeschränkung.

Die weite Definition bewog den EuGH dazu, die ‚Dassonville'-Formel **nicht** mehr anzuwenden **bei** "[*nationalen*] *Bestimmungen*, die bestimmte *Verkaufsmodalitäten beschränken* oder *verbieten*" (**vertriebsbezogene Maßnahmen**), vorausgesetzt, sie

- **gelten unterschiedslos** für alle im Inland betroffenen **Wirtschaftsteilnehmer** und
- **wirken unterschiedslos** auf den Marktzugang **in- und ausländischer Waren.**

EuGH ‚Keck' 1993
Nach französischem Recht ist im Einzelhandel der Weiterverkauf zum Verlustpreis verboten. Keck und ein anderer Marktleiter rechtfertigten ihren Verstoß damit, dass Billigangebote den Umsatz förderten – das würde den zwischenstaatlichen Handel ausweiten; das Verbot beeinträchtige dagegen den freien Warenverkehr. Da das Verbot den grenzüberschreitenden Handel aber nicht in besonderer Weise trifft, stellt die vertriebsbezogene Beschränkung keine Maßnahme gleicher Wirkung dar.

Wendet man die ‚**Keck**'-Formel an, so zählen zu **Maßnahmen gleicher Wirkung** noch

- *diskriminierende vertriebsbezogene Maßnahmen*
- alle *produktbezogenen Maßnahmen* – diskriminierend oder nichtdiskriminierend.

Bsp.: *Vorschriften bezüglich Bezeichnung, Form, Gewicht, Etikettierung oder Verpackung.*

c. Handeln von Privatpersonen

Ein **Eingriff** in Art. 34 AEUV kann auch durch das *Handeln* von *Privatpersonen* erfolgen. Das ist zunächst der Fall, wenn sich ein Mitgliedstaat **privater Handlungs- und Organisationsformen** bedient. Voraussetzung ist, dass

- diese **Aktivitäten** insgesamt der **Regierung zuzurechnen** sind und
- sie in **organisierter** Form **im ganzen Land** vorgenommen werden.

EuGH ‚Buy Irish' 1982
Der Irish Goods Council ist eine privatrechtliche Organisation und wird von der irischen Wirtschaft und dem irischen Staat getragen. Seine landesweite ‚Buy Irish'-Kampagne sollte die Verbraucher in Irland dazu anhalten, Produkte aus dem eigenen Land zu kaufen. Die Beteiligung der irischen Regierung an der Kampagne und am Irish Goods Council stellte eine staatliche Maßnahme mit gleicher Wirkung wie eine Einfuhrbeschränkung dar.

Ein Eingriff in Art. 34 AEUV kann aber auch vorliegen, wenn ein Mitgliedstaat es

„**offenkundig und beharrlich" unterlässt, gegen Beeinträchtigungen** der Warenverkehrsfreiheit **durch Private** vorzugehen, die ihm **nicht zuzurechnen** sind.

EuGH ‚Agrarblockaden' 1997
An den Grenzen Frankreichs hielten Bauern gewaltsam Obst- und Gemüseimporte aus anderen Mitgliedstaaten auf. Die Behörden reagierten jedoch „offenkundig und beharrlich" nicht darauf. Damit lag ein Eingriff in die Warenverkehrsfreiheit vor, auch wenn Frankreich diese Beeinträchtigungen nicht zugerechnet werden konnten.

---

3. Rechtfertigung des Eingriffs in die Warenverkehrsfreiheit

Ein- und Ausfuhrzölle stellen einen Eingriff in die Warenverkehrsfreiheit dar, der nicht gerechtfertigt werden kann. Ansonsten rechtfertigen einen Eingriff „zwingende Erfordernisse des Allgemeinwohls" im Sinne der ‚**Cassis de Dijon**'-Formel und **Gründe des ‚ordre public'** nach Art. 36 S. 1 AEUV.

a. Rechtfertigung wegen „zwingender Erfordernisse des Allgemeinwohls"

Zunächst war für den EuGH ein Eingriff in die Warenverkehrsfreiheit gerechtfertigt,

> soweit „[mitgliedstaatliche **Handelshemmnisse**] **notwendig** sind, um **zwingenden Erfordernissen [des Allgemeinwohls]** gerecht zu werden".

EuGH ‚Cassis de Dijon' 1979
Die deutsche Handelskette Rewe beantragte, den französischen Likör ‚Cassis de Dijon' einzuführen. Dies lehnten die Behörden ab, da der Likör nicht den Vorgaben des Branntweinmonopolgesetzes (BMG) entsprach. Die deutsche Regierung konnte jedoch keine überzeugenden zwingenden Erfordernisse des Allgemeinwohls vorbringen. Das BMG war somit eine nicht gerechtfertigte Maßnahme gleicher Wirkung.

Dann hat der EuGH **Eingriffe in alle** „durch den Vertrag garantierten **Grundfreiheiten**" als **gerechtfertigt** angesehen (‚Gebhard' 1995), wenn die nationale Maßnahme

*   **nichtdiskriminierend** angewandt wird,
*   wegen **zwingender Gründe** des **Allgemeinwohls** notwendig und
*   **verhältnismäßig** ist.

Neben nichtdiskriminierenden Maßnahmen können grundsätzlich auch **nationale Maßnahmen gerechtfertigt** sein, die eine *versteckte Diskriminierung* darstellen.

> *Bsp.*: *In Frankreich dürfen Bücher nur zum Preis verkauft werden, den der Verleger festgelegt hat; bei reimportierten Büchern hat der Importeur sich an den Verlegerpreis zu halten. Obwohl dabei nicht unterschieden wird zwischen einheimischen und importierten Büchern, wird der Absatz reimportierter Bücher erschwert, da ein Importeur mögliche Preisvorteile nicht nutzen kann (EuGH ‚Leclerc' 1985).*

Außerdem müssen im Sinne der ‚Cassis de Dijon'-Formel zwingende Gründe des Allgemeinwohls vorliegen.

> *Bsp.*: *Schutz der öffentlichen Gesundheit (EuGH ‚Cassis de Dijon' 1979); Verbraucherschutz (EuGH ‚Reinheitsgebot' 1987); Umweltschutz (EuGH ‚Pfandflaschen' 1988); Schutz der Unionsgrundrechte (EuGH ‚Familiapress' 1997).*

Greift eine nationale Maßnahme in eine Grundfreiheit ein, so gilt der allgemeine Rechtsgrundsatz der **Verhältnismäßigkeit**: die nationale Maßnahme muss

*   **geeignet** sein, um einen *erlaubten Zweck* zu *verfolgen*;
*   **erforderlich** sein, d.h. wenn es *kein milderes Mittel* gibt, um diesen Zweck zu verfolgen;
*   **zumutbar** sein, d.h. zwischen Zweck und Mittel ein angemessenes Verhältnis besteht (*ausgewogene Zweck-Mittel-Relation*).

4. Kapitel

b. Rechtfertigungsgründe nach Art. 36 S. 1 AEUV

Während nach der ‚Cassis de Dijon'-Formel grundsätzlich nur nichtdiskriminierende und faktisch diskriminierende Maßnahmen gerechtfertigt sein können, greifen die Rechtfertigungsgründe nach Art. 36 S. 1 AEUV darüber hinaus auch bei offen *diskriminierenden* Maßnahmen. Art. 36 S. 1 AEUV rechtfertigt also sowohl *nicht-diskriminierende* als auch *diskriminierende* Maßnahmen.

Als **Rechtfertigungsgründe** nennt Art. 36 S. 1 AEUV Gründe
> der *öffentlichen Sittlichkeit, Ordnung* und *Sicherheit,*
> zum *Schutz* der *Gesundheit* und des *Lebens* von *Menschen, Tieren* oder *Pflanzen,*
> zum *Schutz* des *nationalen Kulturguts* von künstlerischem, geschichtlichem oder archäologischem Wert sowie
> zum *Schutz* des *gewerblichen* und *kommerziellen Eigentums.*

Art. 36 S. 1 AEUV ist als Ausnahmevorschrift eng auszulegen und kann nicht auf Zielsetzungen ausgedehnt werden, die dort nicht ausdrücklich genannt sind: Damit sind die Rechtfertigungsgründe in Art. 36 S. 1 AEUV **abschließend aufgezählt** – im Gegensatz zu Rechtfertigungsgründen der ‚Cassis de Dijon'-Formel („zwingende Erfordernisse des Allgemeinwohls, *insbesondere* [...]").

Sie werden auch als **nichtwirtschaftliche Rechtfertigungsgründe** beschrieben, weil die Mitgliedstaaten mit Art. 36 S. 1 AEUV grundsätzlich keine Maßnahmen mit allgemeiner wirtschaftspolitischer Zielsetzung rechtfertigen können.
Bsp.: *Wirtschaftslenkung; Haushaltssanierung.*

Eine **Rechtfertigung** ist allerdings nach Art. 36 S. 2 AEUV **ausgeschlossen**, wenn der Verstoß darstellt:
> ein Mittel zur *willkürlichen Diskriminierung* oder
> eine *verschleierte Handelsbeschränkung* zwischen den Mitgliedstaaten.

Bsp.: *Die Einfuhr von Sex-Spielzeug aus einem anderen Mitgliedstaat wird untersagt aus Gründen der öffentlichen Sittlichkeit, während Herstellung und Vermarktung der gleichen Waren im Inland nicht verboten sind (EuGH ‚Conegate' 1986: willkürliche Diskriminierung).*

Liegt schließlich ein Rechtfertigungsgrund nach Art. 36 S. 1 AEUV vor, so ist der Eingriff dennoch nur gerechtfertigt, wenn er **verhältnismäßig** ist (vgl. oben a.).

4. Grundfall zur Warenverkehrsfreiheit

Getreu dem deutschen Reinheitsgebot von 1516 werden zum Brauen von Bier nur Malz, Hopfen, Hefe und Wasser verwendet. Nach § 10 Biersteuergesetz (BStG) dürfen Getränke, die nicht nach dem Reinheitsgebot gebraut werden, nicht unter der Bezeichnung ‚Bier' in den Verkehr gebracht werden. Der belgische Hersteller von ‚Kriek'-Bier verwendet auch Kirschen zum Brauen. Mit seinem Produkt hat er mit viel Erfolg im Nachbarland Frankreich und möchte es nun unter der Bezeichnung ‚Bier' auch in Deutschland absetzen. Mit Verweis auf § 10 BStG wird ihm untersagt, sein Produkt unter der Bezeichnung ‚Bier' zu verkaufen.
Verstößt § 10 BStG gegen die Warenverkehrsfreiheit?

Zu prüfen ist, ob § 10 BStG gegen die Warenverkehrsfreiheit nach Art. 34 AEUV verstößt.

1. Zunächst müsste der Verkauf von ‚Kriek'-Bier unter der Bezeichnung ‚Bier' in den Schutzbereich der Warenverkehrsfreiheit fallen.

2. a) Der sachliche Schutzbereich der Warenverkehrsfreiheit ist hier insofern eröffnet, als ‚Kriek'- Bier ein körperlicher Gegenstand mit Handelswert ist und demnach eine Ware im Sinne des Art. 28 Abs. 2 AEUV darstellt.
   b) Der Hersteller des ‚Kriek'-Bieres ist als Belgier Unionsbürger im Sinne des Art. 20 AEUV, so dass der persönliche Schutzbereich der Warenverkehrsfreiheit betroffen ist.
   c) Da es hier um die Lieferung von Bier von Belgien nach Deutschland geht, also um einen Warenhandel innerhalb der Union, ist auch der räumliche Schutzbereich des Art. 34 AEUV eröffnet.
   d) Der Verkauf von ‚Kriek'-Bier unter der Bezeichnung ‚Bier' fällt damit in den Schutzbereich der Warenverkehrsfreiheit.

3. Durch § 10 BStG könnte in die Warenverkehrsfreiheit eingegriffen worden sein.

   a) Nach Art. 34 AEUV liegt ein Eingriff vor, wenn ein Mitgliedstaat die Ein- bzw. Ausfuhr von Waren mengenmäßig beschränkt. Unter mengenmäßigen Beschränkungen versteht der EuGH (‚Geddo' 1973) alle staatlichen Maßnahmen, welche die Ein-, Aus- oder Durchfuhr von Waren ganz oder teilweise untersagen. Das Verbot, ‚Kriek'-Bier unter der Bezeichnung ‚Bier' zu verkaufen, stellt kein Einfuhrverbot dar und ist damit keine mengenmäßige Beschränkung.
   b) Hier kommt allerdings eine gleichermaßen verbotene Maßnahme in Betracht, die wie eine mengenmäßige Beschränkung wirkt. Unter einer Maßnahme gleicher Wirkung versteht der EuGH (‚Dassonville' 1974) jede Maßnahme, die geeignet ist, den Handel innerhalb der Union unmittelbar oder mittelbar, tatsächlich oder potentiell zu stören. § 10 BStG verbietet in Deutschland den Verkauf von belgischem Bier unter der Bezeichnung ‚Bier', das nicht nach dem deutschen Reinheitsgebot gebraut wird. Dadurch wird die Vermarktung dieser Getränke erschwert und so der Handel innerhalb der Union unmittelbar behindert. § 10 BStG stellt also eine Maßnahme gleicher Wirkung nach der ‚Dassonville'-Formel dar.
   c) Fraglich ist, ob § 10 BStG nach der ‚Keck'-Formel doch keine Maßnahme gleicher Wirkung darstellt. Danach sind nationale Bestimmungen, die bestimmte Verkaufs-modalitäten beschränken oder verbieten, keine Maßnahmen gleicher Wirkung.

4. KAPITEL

Die nationalen Bestimmungen müssen allerdings unterschiedslos auf alle betroffenen Wirtschaftsteilnehmer anwendbar sein. Danach fallen nur noch produktbezogene Maßnahmen wie etwa Bezeichnungs- und Verpackungsvorschriften unter das Verbot des Art. 34 AEUV. Im Fall von ‚Kriek'-Bier betrifft § 10 BStG unmittelbar die Ware in ihrer Zusammensetzung und Bezeichnung. Als produktbezogene Maßnahme unterfällt § 10 BStG auch mit der ‚Keck'-Formel dem Verbot des Art. 34 AEUV.

4. Der Eingriff durch § 10 BStG in die Warenverkehrsfreiheit könnte aber gerechtfertigt sein.

a) § 10 BStG könnte zunächst in Anwendung der ‚Cassis de Dijon'-Formel gerechtfertigt sein.

aa) Danach sind mitgliedstaatliche Handelshemmnisse, die unterschiedslos auf alle betroffenen Wirtschaftsteilnehmer anwendbar sind, hinzunehmen, soweit sie notwendig sind, um zwingenden Erfordernissen des Allgemeinwohls gerecht zu werden. § 10 BStG ist eine mitgliedstaatliche Maßnahme, die unterschiedslos für eingeführtes wie auch einheimisches Bier gilt. Als zwingendes Erfordernis des Allgemeinwohls kommt hier der Verbraucherschutz in Betracht. Die Bezeichnung ‚Bier' wird der Verbraucher in Deutschland regelmäßig mit einem nach dem Reinheitsgebot von 1516 hergestellten Produkt in Verbindung bringen. Durch § 10 BStG soll der Käufer davor bewahrt werden, beim Kauf von Bier in seiner Erwartung an ein entsprechend gebrautes Getränk getäuscht zu werden. Damit verfolgt diese Verbraucherschutzmaßnahme einen legitimen Zweck und wird einem zwingenden Erfordernis des Allgemeinwohls gerecht.

bb) Dies setzt allerdings noch voraus, dass die Maßnahme verhältnismäßig ist. § 10 BStG ist geeignet, dem Verbraucherschutz zu dienen. Fraglich ist, ob die deutsche Regelung erforderlich ist. Eine mitgliedstaatliche Maßnahme ist nur dann erforderlich, wenn die Verbraucher nicht durch eine Maßnahme mit geringerer Eingriffsintensität geschützt werden können. Eine solche Maßnahme könnte eine Kennzeichnungspflicht darstellen. Werden die bei der Bierbereitung verwendeten Grundstoffe auf den Verkaufsbehältnissen angegeben, so wird der Verbraucher dadurch in die Lage versetzt, ein nach dem Reinheitsgebot gebrautes Bier zu kaufen. Der Verbraucher kann also auch durch eine Kennzeichnung auf den Verkaufsbehältnissen davor bewahrt werden, beim Kauf von Bier in seiner Erwartung an ein nach dem deutschen Reinheitsgebot gebrautes Bier getäuscht zu werden. Damit gibt es eine Maßnahme, die dem Verbraucherschutz in gleichem Maße dient, aber eine geringere Eingriffsintensität aufweist. § 10 BStG ist daher nicht erforderlich, so dass der Eingriff nicht verhältnismäßig ist und daher nicht gerechtfertigt werden kann.

b) Der Eingriff durch § 10 BStG in die Warenverkehrsfreiheit könnte aber nach Art Art. 36 S. 1 AEUV zum Schutz der Gesundheit gerechtfertigt sein. Allerdings gibt es keine Anhaltspunkte dafür, dass der Genuss von Bier, das nicht nach dem deutschen Reinheitsgebot gebraut wurde, die menschliche Gesundheit mehr beeinträchtigt als der Konsum von Bier im Sinne des § 10 BStG. Art. 36 S. 1 AEUV kann den Eingriff daher nicht rechtfertigen.

5. Damit verstößt § 10 BStG gegen Art. 34 AEUV.

Übersicht 9: **Das Verbot mengenmäßiger Ein- und Ausfuhrbeschränkungen und Maßnahmen gleicher Wirkung, Art. 34ff. AEUV**

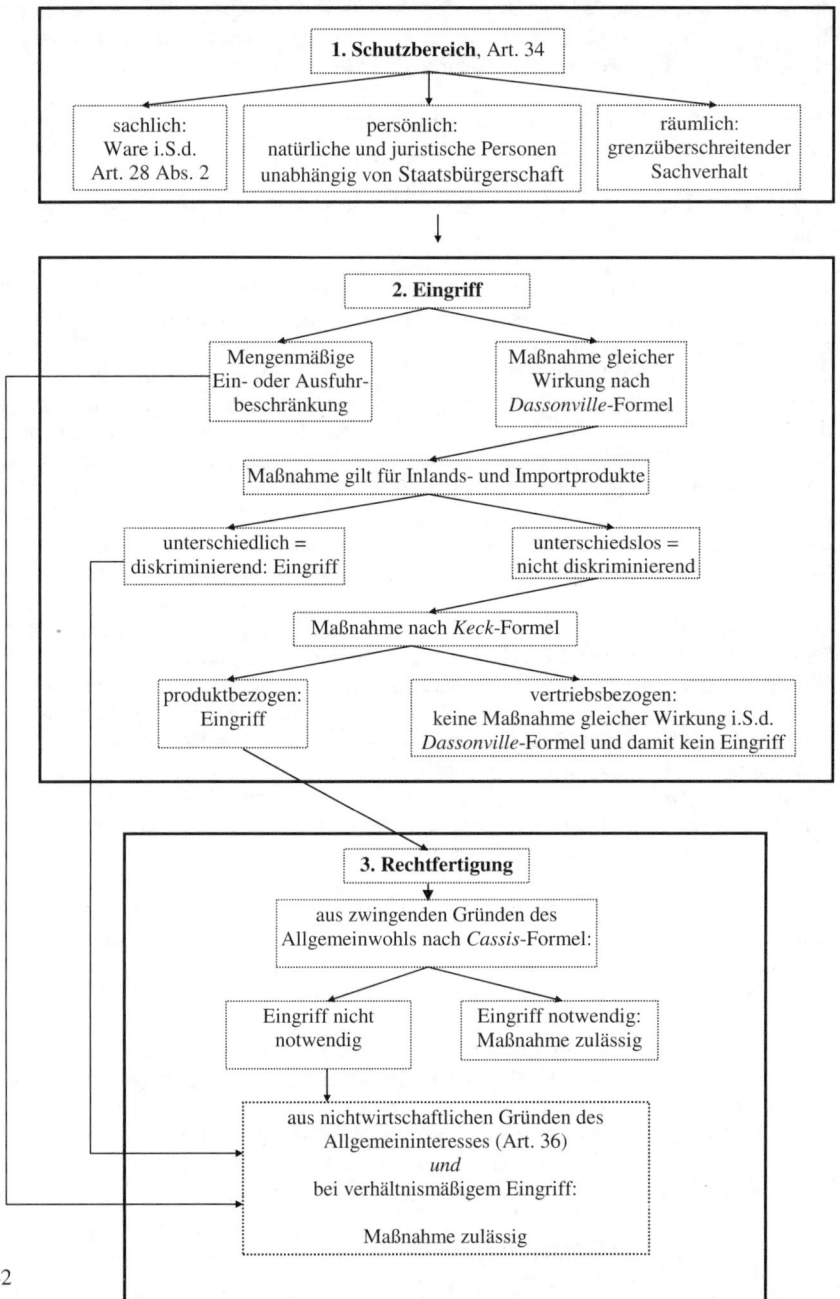

Übersicht 10: **Arbeitnehmerfreizügigkeit (Art. 45ff. AEUV), Niederlassungsfreiheit (Art. 49ff. AEUV) und Dienstleistungsfreiheit (Art. 56ff. AEUV)**

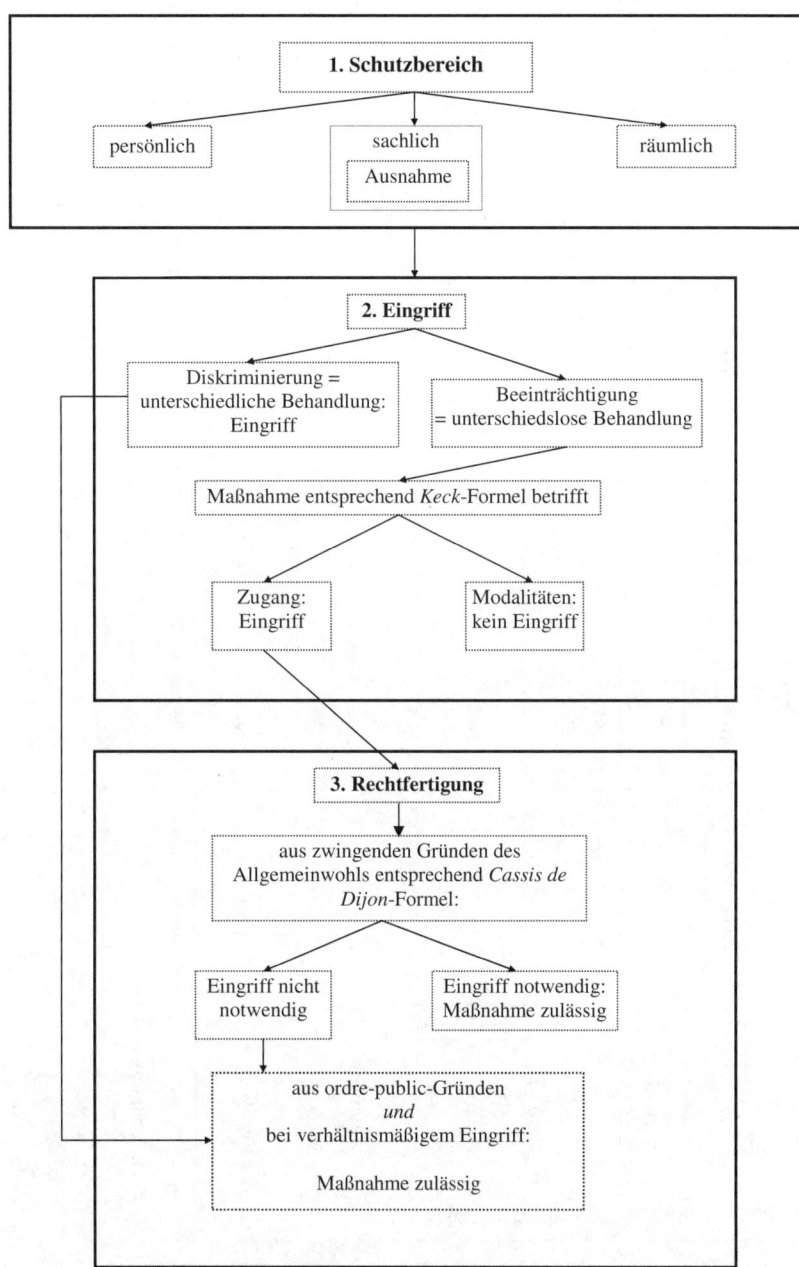

		Arbeitnehmerfreizügigkeit (Art. 45ff. AEUV)	**Niederlassungsfreiheit** (Art. 49ff. AEUV)	**Dienstleistungsfreiheit** (Art. 56ff. AEUV)
Schutzbereich	**persönlich**	*EU-Bürger, der gegen Entgelt unselbständig tätig ist*	*natürliche (Art. 49 Abs. 1 bzw. Art. 56 Abs. 1 AEUV) und juristische Personen (Art. 54 bzw. Art. 62 i.V.m. Art. 54 AEUV) eines Mitgliedstaats*	
	sachlich	*Aufenthalt, Arbeitssuche und -aufnahme, Gleichbehandlung hinsichtlich Arbeitsbedingungen*	*dauerhafte selbständige Erwerbstätigkeit und Unternehmertätigkeit*	*selbständige, zeitlich begrenzte, i.d.R. gegen Entgelt erbrachte Leistung nichtkörperlicher Art*
	Ausnahme	Beschäftigung in *öffentlicher Verwaltung* (Art. 45 Abs. 4 AEUV)	Tätigkeit, die mit *Ausübung öffentlicher Gewalt* verbunden ist (Art. 51 bzw. Art. 62 i.V.m. 51 AEUV)	
	räumlich	*grenzüberschreitender* Sachverhalt		*grenzüberschreitende „aktive" und „passive" Dienstleistung, „Korrespondenzdienstleistung"*
Eingriff		Durch *Diskriminierung*		
		durch *Beschränkung*: Eingriff nur bei Maßnahme betreffend Zugang zu Arbeitsmarkt, selbständiger Erwerbstätigkeit und Unternehmertätigkeit oder Dienstleistungsangebot (*„Keck"*-Formel)		
Rechtfertigung		aus zwingenden Gründen des Allgemeinwohls (*„Cassis de Dijon"*-Formel) nur bei nichtdiskriminierender/ versteckt diskriminierender Maßnahme und *verhältnismäßigem* Eingriff		
		aus *„ordre public"*-Gründen (Art. 45 Abs. 3 bzw. Art. 52 Abs. 1 bzw. Art. 62 i.V.m. 52 Abs. 1 AEUV) und bei *verhältnismäßigem* Eingriff		

II. Die Arbeitnehmerfreizügigkeit

Zu den Personenverkehrsfreiheiten gehört neben der Niederlassungsfreiheit die Arbeitnehmerfreizügigkeit. Nach Art. 45 Abs. 2 AEUV dürfen Arbeitnehmer hinsichtlich der Arbeitsbedingungen nicht wegen ihrer Herkunft schlechter gestellt werden als inländische Arbeitnehmer.

1. Schutzbereich der Arbeitnehmerfreizügigkeit

Der Schutzbereich der Arbeitnehmerfreizügigkeit muss persönlich, sachlich und räumlich betroffen sein.

a. Persönlicher Schutzbereich der Arbeitnehmerfreizügigkeit

Gemäss Art. 45 Abs. 1 AEUV ist die Freizügigkeit der Arbeitnehmer innerhalb der Union gewährleistet; sie gilt nur für Staatsangehörige eines Mitgliedstaates (Art. 45 Abs. 2 AEUV). Für den EuGH ('Lawrie-Blum' 1986) ist **Arbeitnehmer** jede **Person**,

> „die **während** einer bestimmten **Zeit** für einen anderen **nach** dessen **Weisungen** Leistungen erbringt, für die diese **als Gegenleistung** eine **Vergütung** erhält."

b. Sachlicher Schutzbereich der Arbeitnehmerfreizügigkeit

Die Arbeitnehmerfreizügigkeit gewährt gemäss Art. 45 Abs. 3 AEUV das **Recht** zur *Arbeitssuche* und *-aufnahme* mitsamt der zugehörigen *Aufenthaltsrechte*. Außerdem gebietet sie die **Gleichbehandlung** hinsichtlich Beschäftigung, Entlohnung und sonstiger Arbeitsbedingungen.

Die Arbeitnehmerfreizügigkeit gilt gemäss Art. 45 Abs. 4 AEUV allerdings **nicht** für den Bereich der **öffentlichen Verwaltung**. Nach dem EuGH ('Öffentlicher Dienst' 1980) fällt darunter eine Beschäftigung, wenn

> „die **Tätigkeit** unmittelbar oder mittelbar mit der **Ausübung hoheitlicher Befugnisse und** mit der **Verantwortung für** die **allgemeinen Belange** des **Staates** betraut ist."

Bsp.: Nachtwächter der Stadtverwaltung Brüssel (EuGH 'Öffentlicher Dienst' 1982).

c. Räumlicher Schutzbereich der Arbeitnehmerfreizügigkeit

In den räumlichen Schutzbereich der Arbeitnehmerfreizügigkeit fallen nur **grenzüberschreitende** Sachverhalte.

2. Eingriff in die Arbeitnehmerfreizügigkeit

Als Eingriff in die Arbeitnehmerfreizügigkeit kommt in Betracht eine **Diskriminierung**, eine nichtdiskriminierende **Beschränkung** oder **Handeln** von **Privatpersonen**.

a. Eingriff durch Diskriminierung

Eingriff in die Arbeitnehmerfreizügigkeit ist zunächst jede *Diskriminierung* (vgl. oben B.).

b. Eingriff durch Beschränkung

Als **Eingriffe** sind aber ebenfalls zu werten

> „**Bestimmungen**, die einen Staatsangehörigen eines Mitgliedsstaats daran **hindern oder** davon **abhalten**, sein **Herkunftsland zu verlassen**, um von seinem **Recht auf Freizügigkeit Gebrauch** zu machen, [...] auch wenn sie **unabhängig von** der **Staatsangehörigkeit** des betroffenen Arbeitnehmers Anwendung finden."

EuGH ‚Bosman' 1995
Der belgische Profi-Fußballer Bosman wollte von seinem Heimatverein zu einen französischen Verein wechseln. Für einen Vereinswechsel war allerdings vorgeschrieben, dass der neue dem alten Verein eine Ablösesumme zahlen musste. Dies galt auch für den Fall, dass der Spielervertrag abgelaufen und der Spieler somit nicht mehr an den alten Verein gebunden war. Der Transfer scheiterte schließlich auch daran, dass der neue Verein die Ablösesumme nicht aufbrachte. Die betreffende Regelung beschränkte die Arbeitnehmerfreizügigkeit.

Damit hat der EuGH das ursprüngliche Diskriminierungsverbot der Arbeitnehmerfreizügigkeit zu einem **Beschränkungsverbot** ausgebaut. Anwendbar sind daher die Grundsätze, die bei der Warenverkehrsfreiheit entwickelt wurden. Wendet man die ‚Keck'-Formel hier **entsprechend** an, so erweisen sich als **Eingriffe** in die Arbeitnehmerfreizügigkeit noch

* *diskriminierende Beschäftigungsmodalitäten* und
* *Zugangsbeschränkungen* bezüglich des *Arbeitsmarktes*.

c. Eingriff durch Handeln von Privatpersonen

Ein Eingriff in die Arbeitnehmerfreizügigkeit kann schließlich durch das **Handeln** von **Privatpersonen** geschehen: der Arbeitnehmer kann sich auch *gegenüber* seinem *Arbeitgeber* auf die Arbeitnehmerfreizügigkeit berufen (**Drittwirkung** der Arbeitnehmerfreizügigkeit). Dies setzt allerdings voraus, dass der Arbeitgeber über eine dem *Staat vergleichbare Rechtsetzungsmacht* verfügt.

EuGH ,Bosman' 1995
Der Vereinswechsel des belgischen Fußballprofis Bosman scheiterte nicht nur am Erfordernis einer Ablösesumme: Der Transfer wurde dadurch erschwert, dass bei Fußballmeisterschaftsspielen nicht mehr als drei Spieler eines anderen Mitgliedstaates eingesetzt werden dürfen. Diese Vorschrift wie auch das Erfordernis einer Ablösesumme gehen auf den europäischen Fußballverband zurück. Auch nichtstaatliche Akteure wie der Fußballverband können in die Arbeitnehmerfreizügigkeit eingreifen, indem sie von ihrer Satzungsautonomie Gebrauch machen.

Darüber hinaus sind für Eingriffe in die Arbeitnehmerfreizügigkeit durch das Handeln privater Personen schließlich die zur Warenverkehrsfreiheit entwickelten Grundsätze heranzuziehen (*entsprechende* Anwendung von EuGH *,Buy Irish'* 1982 und EuGH *,Agrarblockaden'* 1997).

3. Rechtfertigung des Eingriffs in die Arbeitnehmerfreizügigkeit

Ein Eingriff in die Arbeitnehmerfreizügigkeit kann zunächst entsprechend der **,Cassis de Dijon'**-Formel (EuGH ,Gebhard' 1995) gerechtfertigt werden (vgl. oben I.3.a.). Dann kommt eine Rechtfertigung aus **Gründen** des **,ordre public'** nach Art. 45 Abs. 3 AEUV in Betracht: Das sind Gründe der öffentlichen Ordnung, Sicherheit und Gesundheit. Dies setzt allerdings eine tatsächliche und hinreichend schwere Gefährdung voraus, die ein Grundinteresse der Union berührt.

Einen ungeschriebenen **Rechtfertigungsgrund** fand der EuGH (,Bosman' 1995) schließlich im Bereich des **Sports**: Danach dürfen ausländische Sportler aus nichtwirtschaftlichen und sportspezifischen Gründen von der Teilnahme an einem Sportereignis ausgeschlossen werden.
Bsp.**:** *Spiele der Nationalmannschaften.*

Für die Rechtfertigung aus Gründen des ,ordre public' und aus sportlichen Gründen ist wiederum der Verhältnismäßigkeitsgrundsatz zu beachten (vgl. oben I.3.a.).

4. Grundfall zur Arbeitnehmerfreizügigkeit

Der Eishockey-Erstligist Kölner Haie verpflichtet zur Verteidigung der Meisterschaft den französischen Eishockey-Profi S. Damit stehen im Kader neben S noch drei weitere ausländische Spieler, die auf Stammplätzen spielen. Nach den Statuten des deutschen Eishockey-Verbandes dürfen jedoch pro Spiel höchstens drei Ausländer zum Einsatz kommen. Verletzt die Ausländerklausel die Arbeitnehmerfreizügigkeit?

Zu prüfen ist, ob hier die Arbeitnehmerfreizügigkeit nach Art. 45 AEUV durch die Ausländerklausel verletzt wird.

1. Zunächst müsste das durch die Ausländerklausel untersagte Verhalten in den Schutzbereich der Arbeitnehmerfreizügigkeit fallen.

a) Der persönliche Schutzbereich des Art. 45 AEUV ist eröffnet, wenn S Arbeitnehmer aus einem Mitgliedstaat ist. Arbeitnehmer ist jede Person, die während einer bestimmten Zeit für einen anderen nach dessen Weisungen Leistungen erbringt, für die diese als Gegenleistung eine Vergütung erhält (EuGH ‚Lawrie-Blum' 1986). S ist Eishockey-Profi und spielt für seinen Verein, wofür er eine Vergütung erhält. Dabei unterliegt er den Weisungen des Vereinvorstandes und des Trainers. Als Franzose ist S somit Arbeitnehmer aus einem Mitgliedstaat. Der persönliche Schutzbereich des Art. 45 AEUV ist damit eröffnet.

b) Fraglich ist, ob der sachliche Schutzbereich des Art. 45 AEUV eröffnet ist. Das könnte für den Bereich des Sports zweifelhaft sein. Voraussetzung für die Anwendung der Grundfreiheiten ist insofern, dass eine Tätigkeit dem Wirtschaftsleben im Sinne des Art. 3 Abs. 3 AEUV unterfällt. Da Berufssportler wie der Eishockey-Profi S ihre Arbeitsleistung nur gegen Entgelt erbringen, liegt darin eine wirtschaftliche Tätigkeit. Der sachliche Schutzbereich des Art. 45 AEUV ist also eröffnet.

c) Der räumliche Schutzbereich des Art. 45 AEUV ist insofern eröffnet, als der aus Frankreich stammende S ein Arbeitsverhältnis in Deutschland eingehen will und der Fall somit einen grenzüberschreitenden Bezug aufweist.

d) Damit fällt das durch die Ausländerklausel untersagte Verhalten in den Schutzbereich der Arbeitnehmerfreizügigkeit.

2. Durch die Ausländerklausel könnte in Art. 45 AEUV eingegriffen worden sein. Fraglich ist aber, ob die Arbeitnehmernehmerfreizügigkeit überhaupt vor den Statuten des deutschen Eishockey-Verbandes schützen soll. Das ist insofern problematisch, als die Grundfreiheiten sich in erster Linie gegen mitgliedstaatliche Maßnahmen richten. Bei den Statuten des deutschen Eishockey-Verbandes handelt es sich aber um die Maßnahme einer privatrechtlichen Vereinigung. Hier ist also ein Eingriff in die Arbeitnehmerfreizügigkeit durch das Handeln von Privatpersonen zu prüfen. Auch das Handeln von Privatpersonen kann einen Eingriff in Art. 45 AEUV darstellen, wenn nichtstaatliche Einrichtungen durch Gebrauch ihrer Satzungsautonomie in die Arbeitnehmerfreizügigkeit eingreifen. Die Ausländerklausel ist durch den Gebrauch der Satzungsautonomie des Eishockey-Verbandes zustande gekommen. Sie stellt dann einen Eingriff in Art. 45 AEUV dar, wenn sie EU-Ausländer diskriminiert. Indem der Einsatz von Spielern aus dem EU-Ausland im Gegensatz zu einheimischen Spielern zahlenmäßig begrenzt ist, ist in der Ausländerklausel eine diskriminierende Regelung zu sehen, die einen Eingriff in die Arbeitnehmerfreizügigkeit darstellt.

3. Der Eingriff in die Arbeitnehmerfreizügigkeit durch die Ausländerklausel könnte aber gerechtfertigt sein. Rechtfertigungsgründe nach Art. 45 Abs. 3 AEUV greifen hier nicht. Ebenso wenig kommt hier eine Rechtfertigung aus zwingenden Gründen des Allgemeininteresses in Betracht. Die Ausländerklausel könnte höchstens dann gerechtfertigt sein, wenn sie aus nichtwirtschaftlichen und sportspezifischen Gründen diskriminiert. Das ist der Fall bei Nationalmannschaften; für den professionellen Sport, bei denen die Sportvereine als Wirtschaftsunternehmen auftreten, hat die Diskriminierung nicht allein sportliche Gründe. Damit ist der Eingriff in die Arbeitnehmerfreizügigkeit durch die Ausländerklausel nicht gerechtfertigt.

4. Die Arbeitnehmerfreizügigkeit nach Art. 45 AEUV wird demnach durch die Ausländerklausel verletzt.

III. Die Niederlassungsfreiheit

Zu den Personenverkehrsfreiheiten gehört neben der Arbeitnehmerfreizügigkeit die Niederlassungsfreiheit. Art. 49 Abs. 1 AEUV verbietet Beschränkungen der freien Niederlassung von Staatsangehörigen eines Mitgliedstaates im Hoheitsgebiet eines anderen Mitgliedstaates.

1. Schutzbereich der Niederlassungsfreiheit

Der Schutzbereich der Niederlassungsfreiheit muss persönlich, sachlich und räumlich betroffen sein.

a. Persönlicher Schutzbereich der Niederlassungsfreiheit

In den Schutzbereich der Niederlassungsfreiheit fallen zunächst **natürliche Personen** mit der *Staatsangehörigkeit* eines *Mitgliedstaates*. Art. 54 Abs. 1 AEUV erstreckt den Schutz der Niederlassungsfreiheit auch auf Gesellschaften: Das sind nach Art. 54 Abs. 2 AEUV **juristische Personen** des *öffentlichen* und *privaten Rechts* mit *Ausnahme* von *Vereinen* („derjenigen [Gesellschaften], die keinen Erwerbszweck verfolgen").

Gesellschaften müssen dazu nach dem *Recht* eines *Mitgliedstaates wirksam gegründet* worden sein (Art. 54 Abs. 1 AEUV). Weiterhin ist eine *institutionelle Verbindung* mit der Union erforderlich: dazu muss die Gesellschaft ihren satzungsmäßigen Sitz, ihren tatsächlichen Sitz („Hauptverwaltung") oder ihre Hauptniederlassung in einem Mitgliedstaat haben.

Der Schutz der Niederlassungsfreiheit erstreckt sich auch auf **Gesellschaften**, die ihren **tatsächlichen Sitz** in einen anderen Mitgliedstaat **verlegen**. Der Mitgliedstaat muss dann die Rechtsfähigkeit anerkennen, die diese Gesellschaften nach dem Recht ihres Gründungsstaates besitzen.

EuGH ‚Überseering' 2002
Das Unternehmen Überseering wurde nach niederländischem Recht gegründet. Nachdem das Unternehmen von zwei Deutschen erworben wurde, befand sich der tatsächliche Sitz der Gesellschaft in Deutschland. In einem Rechtsstreit beurteilte ein deutsches Gericht daher die Rechtsfähigkeit des Unternehmens nach deutschem Recht und lehnte diese ab. Damit konnte das Unternehmen keine Streitpartei sein – das Gericht wies seine Klage ab. Wurde aber eine Gesellschaft in einem Mitgliedstaat wirksam gegründet, so müssen andere Mitgliedstaaten die Rechts- und Parteifähigkeit dieser Gesellschaft anerkennen.

Zusätzlich müssen in einem Mitgliedstaat *ansässig* sein natürliche Personen (Art. 49 Abs. 1 S. 2 AEUV) und Gesellschaften (Art. 54 i.V.m. 49 Abs. 1 S. 2 AEUV), wenn sie **abhängige Betriebsteile** (Agenturen, Zweigniederlassungen, Tochtergesellschaften) gründen wollen; es zählt dabei der Schwerpunkt ihrer gewerblichen Tätigkeit.

b. Sachlicher Schutzbereich der Niederlassungsfreiheit

Geschützt wird die **Niederlassung**, worunter der EuGH ('Factortame II' 1991) versteht:

> die **tatsächliche Ausübung** einer **wirtschaftlichen Tätigkeit** mittels einer **festen Einrichtung** auf **unbestimmte Zeit**

Nach Art. 49 Abs. 2 AEUV umfasst die Niederlassungsfreiheit die *Aufnahme* und *Ausübung selbständiger Erwerbstätigkeit*. Mit dem Merkmal der selbständigen Erwerbstätigkeit lässt sich die Niederlassungsfreiheit von der Arbeitnehmerfreizügigkeit abgrenzen; von der Dienstleistungsfreiheit unterscheidet sie sich durch die feste Einrichtung auf unbestimmte Zeit, d.h. eine auf Dauer angelegte Verankerung im Mitgliedstaat. Der Niederlassung gleichgestellt ist nach Art. 49 Abs. 1 S. 2 AEUV die Gründung von abhängigen Betriebsteilen.

Aus dem Schutzbereich der Niederlassungsfreiheit fallen nach Art. 51 Abs. 1 AEUV Tätigkeiten, die in einem Mitgliedstaat dauernd oder zeitweise mit der **Ausübung öffentlicher Gewalt** verbunden sind. Das sind Tätigkeiten, die eine unmittelbare und spezifische Teilnahme an der Ausübung öffentlicher Gewalt darstellen.

> *Bsp.: Ein Niederländer durfte in Belgien nicht als Anwalt arbeiten, obwohl er dort Jura studiert hatte: Der Anwaltsberuf nimmt an der Ausübung öffentlicher Gewalt teil und ist daher belgischen Staatsbürgern vorbehalten (EuGH 'Reyners' 1974).*

c. Räumlicher Schutzbereich der Niederlassungsfreiheit

In den räumlichen Schutzbereich der Niederlassungsfreiheit fallen nur **grenzüberschreitende** Sachverhalte.

2. Eingriff in die Niederlassungsfreiheit

Eingriff in die Niederlassungsfreiheit ist jede **Diskriminierung**, auf Grund der Konvergenz der Grundfreiheiten aber auch eine **Beschränkung**. Damit sind die Grundsätze anwendbar, die bei der Warenverkehrsfreiheit entwickelt wurden. Wendet man die 'Keck'-Formel hier entsprechend an, so sind noch **Eingriffe** in die Niederlassungsfreiheit:

- *diskriminierende Niederlassungsmodalitäten* und
- *Niederlassungsbeschränkungen.*

3. Rechtfertigung des Eingriffs in die Niederlassungsfreiheit

Ein Eingriff in die Niederlassungsfreiheit kann entsprechend der '**Cassis de Dijon**'-Formel (EuGH 'Gebhard' 1995) gerechtfertigt werden (vgl. oben I.3.a.). Ansonsten kommt nach Art. 52 Abs. 1 AEUV eine Rechtfertigung aus **Gründen** des '**ordre public**' in Betracht (vgl. oben II.3.).

4. KAPITEL

4. Grundfall zur Niederlassungsfreiheit

Mit dem Binnenmarkt und einem anhaltenden wirtschaftlichen Aufschwung werden auch verstärkt private Sicherheitsdienste aus den anderen Mitgliedstaaten in Spanien tätig. Die spanische Regierung ist der Ansicht, dass private Sicherheitsdienste nur dann wirksam beaufsichtigt werden können, wenn ihre Führungskräfte in Spanien wohnen. Nach dem neuen Recht müssen nun Geschäftsführer und Direktoren aller in Spanien tätigen Sicherheitsunternehmen ihren Wohnsitz in Spanien nehmen. Das französische Sicherheitsunternehmen S(écurité) S.A.R.L. mit Hauptsitz in Bordeaux ist bisher schwerpunktmäßig in Frankreich tätig gewesen. Es beabsichtigt nun, seine Geschäftstätigkeit nach Spanien auszuweiten. Dazu soll im spanischen San Sebastián eine Zweigniederlassung gegründet werden. Der Geschäftsführer der S S.A.R.L. möchte jedoch seinen Wohnsitz im schönen Bordeaux nicht aufgeben. Er fragt deshalb, ob nicht die Niederlassungsfreiheit durch die Vorschrift verletzt wird, wonach er seinen Wohnsitz nach Spanien verlegen muss.

Zu prüfen ist, ob die spanische Regelung die Niederlassungsfreiheit verletzt.

1. Zunächst müsste der Schutzbereich der Niederlassungsfreiheit eröffnet sein.

a) Die Niederlassungsfreiheit müsste die S persönlich schützen. Nach Art. 54 Abs. 2 AEUV genießen Gesellschaften Niederlassungsfreiheit; darunter fallen auch juristische Personen des Privatrechts. Die S ist als S.A.R.L eine juristische Person des französischen Privatrecht und damit eine Gesellschaft im Sinne des Art. 54 Abs. 2 AEUV und hat mit Bordeaux den Hauptsitz in einem Mitgliedstaat. Für die Gründung einer Zweigniederlassung (Art. 54 i.V.m. 49 Abs. 1 S. 2 AEUV) muss eine Gesellschaft zusätzlich noch in einem Mitgliedstaat ansässig sein, wobei es auf den Schwerpunkt ihrer gewerblichen Tätigkeit ankommt. Der Schwerpunkt der Geschäftätigkeit der S liegt in Frankreich, wo die S somit auch ansässig ist. Damit ist der persönliche Schutzbereich der Niederlassungsfreiheit eröffnet.

b) Die Gründung einer Zweigniederlassung fällt in den sachlichen Schutzbereich der Niederlassungsfreiheit (Art. 49 Abs. 1 S. 2 AEUV).

c) Da die S eine Zweigniederlassung in Spanien gründen will, erfolgt die Niederlassung im Hoheitsgebiet eines anderen Mitgliedstaates. Somit ist auch der räumliche Schutzbereich der Niederlassungsfreiheit eröffnet.

d) Der Schutzbereich der Niederlassungsfreiheit ist also eröffnet.

2. Die spanische Vorschrift könnte in die Niederlassungsfreiheit eingreifen. Ein Eingriff in die Niederlassungsfreiheit liegt in jeder Diskriminierung auf Grund der Staatsangehörigkeit, unabhängig davon, ob es sich um eine offene oder versteckte Diskriminierung handelt. Hier kommt eine versteckte Diskriminierung in Betracht: eine versteckte Diskriminierung liegt vor, wenn eine Regelung zwar nicht namentlich Ausländer erwähnt, gerade diese aber im Gegensatz zu Inländern behindert werden. Die spanische Vorschrift richtet sich zwar an alle Unternehmen und erwähnt ausländische Unternehmen nicht namentlich; da Führungskräfte spanischer Unternehmen im Gegensatz zu Führungskräften ausländischer Unternehmen aber in der Regel in Spanien wohnen, sind ausländische Unternehmen benachteiligt. Damit liegt eine versteckte Diskriminierung vor: die spanische Vorschrift greift in die Niederlassungsfreiheit ein.

3. In Betracht kommt hier eine Rechtfertigung aus Gründen der öffentlichen Sicherheit und Ordnung nach Art. 52 Abs. 1 AEUV. Dies setzt allerdings eine tatsächliche und hinreichend schwere Gefährdung voraus, die ein Grundinteresse der Union berührt. Da jedes in einem Mitgliedstaat niedergelassene Unternehmen unabhängig vom Wohnsitz seiner Führungskräfte kontrolliert und Sanktionen unterworfen werden kann, können private Sicherheitsdienste wirksam beaufsichtigt werden; eine Gefährdung liegt nicht vor. Damit kann der Eingriff durch die spanische Vorschrift nicht nach Art. 52 Abs. 1 AEUV gerechtfertigt werden.

4. Die spanische Regelung verletzt demnach die Niederlassungsfreiheit.

IV. Die Dienstleistungsfreiheit

Die Dienstleistungsfreiheit ist nach Art. 56 bis 62 AEUV geschützt.

1. Schutzbereich der Dienstleistungsfreiheit

Der Schutzbereich der Dienstleistungsfreiheit muss persönlich, sachlich und räumlich betroffen sein.

a. Persönlicher Schutzbereich der Dienstleistungsfreiheit

Auf die Dienstleistungsfreiheit können sich gemäß Art. 56 Abs. 1 AEUV zunächst **natürliche Personen** berufen, sofern sie Staatsangehörige eines Mitgliedstaates sind und in einem anderen Mitgliedstaat ansässig sind. **Juristische Personen** können sich in gleichem Maße wie bei der Niederlassungsfreiheit auf die Dienstleistungsfreiheit berufen (Art. 62 i.V.m. Art. 54 AEUV)

b. Sachlicher Schutzbereich der Dienstleistungsfreiheit

Geschützt wird die Freiheit des Dienstleistungsverkehrs. **Dienstleistungen** definiert Art. 57 Abs. 1 Hs. 1 AEUV als *Leistungen*, die *in der Regel gegen Entgelt* erbracht werden. Art. 57 Abs. 1 Hs. 2 AEUV macht deutlich, dass die Dienstleistungsfreiheit gegenüber den anderen Grundfreiheiten zurücktritt („soweit sie nicht den Vorschriften über den freien Waren- und Kapitalverkehr und über die Freizügigkeit der Personen unterliegen").
Aufgrund ihrer **Subsidiarität** muss die Dienstleistungsfreiheit *gegenüber* den *anderen Grundfreiheiten abgegrenzt* werden. Gegenüber der Arbeitnehmerfreizügigkeit kann die Dienstleistungsfreiheit zunächst über das Merkmal der selbständigen Tätigkeit abgegrenzt werden; von der Niederlassungsfreiheit unterscheidet sie sich durch eine zeitlich begrenzte Tätigkeit; nur die Warenverkehrsfreiheit schützt Leistungen in Form körperlicher Gegenstände. Damit fällt unter den Begriff der **Dienstleistung** jede

Merkmal		Abgrenzung
• **selbständige,**	➢ **Arbeitnehmerfreizügigkeit**	
• **zeitlich begrenzte,**	➢ **Niederlassungsfreiheit**	
• **i.d.R. gegen Entgelt erbrachte**	./.	
• **Leistung nichtkörperlicher Natur**	➢ **Warenverkehrsfreiheit**	

Nach Art. 62 AEUV, der auf Art. 51 AEUV verweist, fallen Tätigkeiten aus dem Schutzbereich der Dienstleistungsfreiheit raus, die in einem Mitgliedstaat dauernd oder zeitweise mit der **Ausübung öffentlicher Gewalt** verbunden sind. Der Vorbehalt öffentlicher Gewalt ist wie bei der Niederlassungsfreiheit zu bestimmen (vgl. oben III.3.).

c. Räumlicher Schutzbereich der Dienstleistungsfreiheit

Die Dienstleistungsfreiheit gilt wiederum nur bei **grenzüberschreitenden** Sachverhalten.

Geschützt wird zunächst die **positive** oder **aktive Dienstleistungsfreiheit**. Dazu begibt sich der in einem Mitgliedstaat niedergelassene selbständig Erwerbstätige vorübergehend in einen anderen Mitgliedstaat, um dort eine Dienstleistung zu erbringen.

Bsp.: *Arzt aus Kehl am Rhein führt einen Hausbesuch beim Patienten in Strasbourg durch.*

Von der Dienstleistungsfreiheit wird aber auch die Inanspruchnahme von Diensten geschützt, bei denen der Dienstleistungsempfänger sich zum Dienstleistungserbringer in einem anderen Mitgliedstaat begibt (**negative** oder **passive Dienstleistungsfreiheit**).

Bsp.: *Patient aus Mitgliedstaat D fliegt nach Mallorca und lässt sich ein neues Gebiss durch den in Palma ansässigen Zahnarzt machen.*

> *EuGH 'Luisi und Carbone' 1984*
> Nach italienischem Recht wurde Gebietsansässigen der Devisenerwerb nur bis zur Höhe von 500.000 Lire erlaubt. Dagegen verstießen die beiden Italiener Luisi und Carbone, als sie sich Devisen im Wert von mehreren Millionen beschafften und ins Ausland überwiesen – im einen Fall für eine medizinische Behandlung, im anderen Fall für touristische Zwecke. Art. 56 Abs. 3 AEUV betrifft nun ausdrücklich den Fall, dass der Erbringer der Dienstleistung sich zum Dienstleistungsempfänger in einen anderen Mitgliedstaat begibt. Der umgekehrte Fall stellt die notwendige Ergänzung dazu dar: Auch der Empfänger der Dienstleistung ist frei, sich in den Mitgliedstaat zu begeben, in dem der Dienstleistungserbringer ansässig ist. Das betreffende italienische Gesetz beeinträchtigte daher die mit der Dienstleistungsfreiheit zusammenhängenden Zahlungen.

Schließlich umfasst die Dienstleistungsfreiheit noch jene Fälle, in denen weder Dienstleistungsempfänger noch Dienstleistungserbringer sich in einen anderen Mitgliedstaat begeben, sondern nur die Dienstleistung als Produkt die Grenze überschreitet („**Korrespondenzdienstleistung**").

Bsp.: *Rechtsanwalt R aus Mitgliedstaat D sendet dem in Mitgliedstaat F ansässigen Mandanten M ein Rechtsgutachten zu.*

> *EuGH 'Sacchi' 1974*
> In Italien war das staatliche Fernsehmonopol einschließlich des Kabelfernsehens dem Staatssender RAI verliehen worden. Der italienische Unternehmer Sacchi betrieb eine staatlich nicht genehmigte private Fernsehstation. In einem Strafverfahren machte Sacchi geltend, dass das Verbot privater Kabelfernsehsender dazu führe, dass Fernsehsendungen aus dem Ausland nicht aufgefangen und dann im Kabelfernsehen weiterverbreitet werden könnten. Die Ausstrahlung von Fernsehsendungen einschließlich jener zu Werbezwecken sind als Dienstleistungen zu werten.

2. Eingriff in die Dienstleistungsfreiheit

Ein Eingriff in die Dienstleistungsfreiheit liegt zunächst in jeder Diskriminierung. Auch hier hat der EuGH das **Diskriminierungsverbot** zu einem **Beschränkungsverbot** weiterentwickelt.

EuGH 'Vander Elst' 1994
Im Bauunternehmen des Belgiers Vander Elst wurden marokkanische Staatsangehörige legal nach belgischem Recht beschäftigt. Bei Bauaufträgen in Frankreich verboten die Behörden die Beschäftigung marokkanischer Staatsangehöriger, da Vander Elst nicht die nach französischem Recht erforderlichen Arbeitserlaubnisse eingeholt hatte. Auch wenn die französische Regelung unterschiedslos für Franzosen und Ausländer gilt, so stellt sie doch eine verbotene Beschränkung der Dienstleistungsfreiheit dar.

Der EuGH ('Alpine Investments' 1995) hat daher die 'Keck'-Formel entsprechend auf die Dienstleistungsfreiheit angewendet. Damit stellen sich noch dar als **Eingriffe** in die Dienstleistungsfreiheit:

*   *diskriminierende Dienstleistungsmodalitäten*
*   *Zugangsbeschränkungen* zum *Dienstleistungsangebot*.

3. Rechtfertigung des Eingriffs in die Dienstleistungsfreiheit

Ein Eingriff in die Dienstleistungsfreiheit kann entsprechend der **'Cassis de Dijon'**-Formel (EuGH 'Gebhard' 1995) gerechtfertigt werden (vgl. oben I.3.a.). Ansonsten kommt nach Art. 62 AEUV i.V.m. Art. 52 Abs. 1 AEUV eine Rechtfertigung aus **Gründen** des **'ordre public'** in Betracht (vgl. oben II.3.).

4. Grundfall zur Dienstleistungsfreiheit

Im Louvre ist wie in allen staatlichen Museen Frankreichs der Eintritt am ersten Sonntag im Monat frei. In den Sommermonaten strömt eine riesige Menschenmenge in das Museum, vor allem sehr viele ausländische Touristen. Damit das Verhältnis von ausländischen und französischen Besuchern ausgewogen ausfällt und mehr Franzosen den Louvre besuchen, denkt die Museumsleitung darüber nach, in den Monaten Juli, August und September nur noch französischen Staatsbürgern kostenlosen Eintritt ins Museum zu gewähren. Der französische Kulturminister möchte einem Vertragsverletzungsverfahren zuvorkommen und die geplante Regelung daraufhin überprüft wissen, ob sie Art. 56 AEUV verletzt.

Zu prüfen ist, ob die geplante Regelung die Dienstleistungsfreiheit verletzt.

1. Zunächst müsste der Schutzbereich von Art. 56 AEUV eröffnet sein.

a) Auf die Dienstleistungsfreiheit können sich Staatsangehörige anderer Mitgliedstaaten berufen, die dort ansässig sind. Darunter fallen etwa deutsche Touristen mit Wohnsitz in Deutschland.

b) Fraglich ist, ob auch der sachliche Schutzbereich eröffnet ist. Dies setzt zunächst voraus, dass es sich beim Zugang zum Louvre um eine Dienstleistung handelt. Mit Art. 57 Abs. 1 Hs. 1 AEUV ist unter Dienstleistung jede selbständige, zeitlich begrenzte, in der Regel gegen Entgelt erbrachte Leistung nichtkörperlicher Art zu verstehen. Wird der Eintritt zum Museum gewährt, so stellt dies eine Leistung nichtkörperlicher Art dar. Diese Leistung ist zeitlich begrenzt und wird selbständig erbracht. Fraglich ist, ob hier das Merkmal der Entgeltlichkeit erfüllt ist: Museen erfüllen zunächst einen kulturellen Auftrag; ihre Tätigkeit unterfällt allerdings dann den Grundfreiheiten, wenn es sich auch um eine wirtschaftliche Tätigkeit handelt. Das ist hier insofern der Fall, als der Louvre üblicherweise Eintrittsgelder verlangt. Damit ist die Leistung auch entgeltlich, eine Dienstleistung liegt vor. Weiterhin stellt der Betrieb eines Museums keine Ausübung öffentlicher Gewalt dar, so dass diese Tätigkeit von der Dienstleistungsfreiheit erfasst bleibt. Der sachliche Schutzbereich der Dienstleistungsfreiheit ist somit eröffnet.

c) Weiterhin müsste der Zugang zum Louvre von der Dienstleistungsfreiheit in den räumlichen Schutzbereich der Dienstleistungsfreiheit fallen. Neben der aktiven Dienstleistungsfreiheit wird auch die passive Dienstleistungsfreiheit geschützt. Bei der passiven Dienstleistungsfreiheit begibt sich der Dienstleistungsempfänger zum Empfang der Dienstleistung in den Mitgliedstaat des Dienstleistungserbringers. Die passive Dienstleistungsfreiheit ist also einschlägig, wenn sich Touristen ins Reiseland begeben und dort eine Dienstleistung empfangen. Begeben sich etwa deutsche Touristen nach Paris, um den Louvre zu besuchen, nehmen sie die passive Dienstleistungsfreiheit in Anspruch. Damit ist der Zugang zum Louvre von der passiven Dienstleistungsfreiheit geschützt.

e) Der Schutzbereich der Dienstleistungsfreiheit ist demnach eröffnet.

2. Die geplante Regelung könnte in die Dienstleistungsfreiheit eingreifen. Ein Eingriff in die Dienstleistungsfreiheit kann in einer Diskriminierung auf Grund der Staatsangehörigkeit liegen, unabhängig davon, ob sie offen oder versteckt ist. Hier kommt eine offene Diskriminierung in Betracht. Eine offene Diskriminierung liegt vor, wenn eine Maßnahme auf die Staatsangehörigkeit abstellt und dabei EU-Ausländer benachteiligt. Indem die geplante Regelung nur französischen Staatsbürgern einen freien Eintritt gewährt, würde sie EU-Ausländer benachteiligen. Damit läge ein Eingriff in die Dienstleistungsfreiheit in Form einer offenen Diskriminierung vor.

3. Fraglich ist, ob ein solcher Eingriff in die Dienstleistungsfreiheit sich rechtfertigen ließe. Da eine Rechtfertigung aus zwingenden Gründen des Allgemeininteresses bei einer Diskriminierung auf Grund der Staatsangehörigkeit keine Anwendung findet, ist hier an eine Rechtfertigung aus Gründen der öffentlichen Sicherheit und Ordnung gemäß Art. 62 i.V.m. Art. 52 AEUV zu denken. Das Ziel, die Zahl der ausländischen und französischen Besuchern an den ersten Sonntagen der Sommermonate anzunähern, kann aber keinen Grund der öffentlichen Sicherheit und Ordnung darstellen. Damit wäre ein solcher Eingriff in die Dienstleistungsfreiheit zu rechtfertigen.

4. Die Dienstleistungsfreiheit würde durch die geplante Regelung verletzt werden.

V. Die Kapitalverkehrsfreiheit

Die Kapitalverkehrsfreiheit umfasst neben dem eigentlichen **Kapitalverkehr** (Art. 63 Abs. 1 AEUV) auch den **Zahlungsverkehr** (Art. 63 Abs. 2 AEUV). In den **Schutzbereich** des Art. 63 Abs. 1 AEUV fällt *jede Transaktion*, die *ohne Gegenleistung* erfolgte, und die sich auf *Geld* oder *Sachkapital* bezieht. Eine *Wertübertragung auf Grund* einer *Gegenleistung* wird als **Zahlungsverkehr** von Art. 63 Abs. 2 AEUV geschützt.

> **Bsp.**: *Mieter M aus Mitgliedstaat Ö überweist Vermieter V aus Mitgliedstaat S den Mietzins für eine Ferienwohnung.*

Abzugrenzen ist die Kapitalverkehrsfreiheit dabei **von** der **Warenverkehrsfreiheit**: Solange Zahlungsmittel als *gesetzliche Zahlungsmittel* verwendet werden, werden sie *nicht* als *Waren* angesehen und sind daher von Art. 63 AEUV geschützt.

> **Bsp.**: *Silberne Gedenkmünzen, die auch als Zahlungsmittel akzeptiert werden.*

Auf die Kapitalverkehrsfreiheit kann sich jeder unabhängig von seiner Staatsbürgerschaft berufen, solange das betreffende *Kapital* innerhalb der Union die **Grenzen überschreitet**.

Nach Art. 63 Abs. 1 AEUV sind alle Beschränkungen des Kapitalverkehrs verboten. Wie Art. 34 AEUV für die Warenverkehrsfreiheit ist die Kapitalverkehrsfreiheit als **Beschränkungsverbot** ausgestaltet. Damit sind die Grundsätze der ‚**Keck**'- und ‚Cassis de Dijon'-Formel hier entsprechend anzuwenden. Neben der ‚**Cassis de Dijon**'-Formel kommt als Rechtfertigung für einen Eingriff noch Art. 65 AEUV in Betracht (vgl. u.a. oben II.3.); allerdings darf die Maßnahme weder ein Mittel zur willkürlichen Diskriminierung noch eine verschleierte Beschränkung der Kapitalverkehrsfreiheit darstellen.

Übersicht 11: **Die Kapitalverkehrsfreiheit**

1. **Schutzbereich:** *grenzüberschreitende Wertübertragung ohne Gegenleistung (mit Gegenleistung: Zahlungsverkehrsfreiheit)*
2. **Eingriff:** *Beschränkung entsprechend ‚Keck'-Formel*
3. **Rechtfertigung:** *entsprechend ‚Cassis'- Formel; Art. 65 AEUV*

Grundfall zur Kapitalverkehrsfreiheit

Eine nationalistische Regierung in Polen erlässt ein neues Gesetz, wonach deutsche Staatsangehörige kein Grundeigentum in ehemaligen deutschen Gebieten erwerben dürfen. Sie will verhindern, dass deutsche Heimatvertriebene Polen „aufkaufen". Die Pläne deutscher Heimatvertriebenenverbände haben schon zu kontroversen Diskussionen in der einheimischen Bevölkerung geführt. Dabei ist es auch zu friedlichen Demonstrationen in mehreren polnischen Städten gekommen. Der in Frankfurt/Oder ansässige Bauunternehmer B möchte auf dem polnischen Markt expandieren und mehrere Grundstücke in der Innenstadt von Stettin zum Bau von Einkaufspassagen erwerben. Er fragt sich, ob das neue polnische Gesetz nicht Art. 63 AEUV verletzt.

Zu prüfen ist, ob das neue polnische Gesetz Art. 63 AEUV verletzt.

1. Der Erwerb der Grundstücke müsste in den Schutzbereich von Art. 63 AEUV fallen.

a) Dazu müsste der Erwerb vom sachlichen Schutzbereich des Art. 63 AEUV erfasst sein. Dabei schützt Art. 63 Abs. 1 AEUV den Kapitalverkehr, Art. 63 Abs. 2 AEUV den Zahlungsverkehr: Unter den Kapitalverkehr fällt jede ohne Gegenleistung erfolgte, auf Geld oder Sachkapital bezogene Transaktion; Wertübertragungen auf Grund einer Gegenleistung für eine Warenlieferung oder Dienstleistung betreffen dagegen den Zahlungsverkehr. Der Erwerb der Grundstücke ist hier nicht an eine Warenlieferung oder Dienstleistung gekoppelt; es handelt sich vielmehr um eine Immobilieninvestition. Damit unterfällt der Erwerb der Grundstücke dem Kapitalverkehr; der sachliche Schutzbereich der Kapitalverkehrsfreiheit nach Art. 63 Abs. 1 AEUV ist also eröffnet.

b) Der räumliche Schutzbereich der Kapitalverkehrsfreiheit ist insofern eröffnet, als die Kapitaltransaktion von Deutschland nach Polen erfolgen soll, also im Verkehr zwischen zwei Mitgliedstaaten.

c) Auch wenn Art. 63 Abs. 1 AEUV die Staatsangehörigkeit eines Mitgliedstaates nicht voraussetzt, ist für den deutschen Staatsangehörigen B auch der persönliche Schutzbereich der Kapitalverkehrsfreiheit eröffnet.

d) Damit fällt der Erwerb der Grundstücke in den Schutzbereich der Kapitalverkehrsfreiheit nach Art. 63 Abs. 1 AEUV.

2. Indem das neue polnische Gesetz deutsche Staatsangehörige vom Grundstückserwerb ausschließt, benachteiligt es offen deutsche Staatsangehörige und stellt damit einen Eingriff in die Kapitalverkehrsfreiheit dar.

3. Fraglich ist, ob der Eingriff in die Kapitalverkehrsfreiheit durch das neue polnische Gesetz gerechtfertigt ist. Als Rechtfertigungsgrund kommt hier Art. 65 Abs. 1 lit. b AEUV in Betracht. Danach kann eine beeinträchtigende Maßnahme aus Gründen der öffentlichen Ordnung oder Sicherheit gerechtfertigt sein. Dies setzt aber eine tatsächliche oder hinreichend schwerwiegende Gefährdung der öffentliche Ordnung oder Sicherheit voraus. Der Grunderwerb selbst stellt keine Gefährdung dar, höchstens die kontroversen Diskussionen. Da aber bisher nur geordnete Demonstrationen abgelaufen sind, reicht das nicht aus für die Annahme einer hinreichend schwerwiegenden Gefährdung der öffentlichen Ordnung oder Sicherheit. Damit kann das neue polnische Gesetz nicht durch Art. 65 Abs. 1 lit. b AEUV gerechtfertigt werden.

4. Das neue polnische Gesetz verletzt demnach Art. 63 AEUV.

VI. Das allgemeine Diskriminierungsverbot

Das allgemeine Diskriminierungsverbot in Art. 18 AEUV ist eine **Ausformung** des **allgemeinen Gleichheitssatzes** und untersagt die Ungleichbehandlung aufgrund der Staatsangehörigkeit. Art. 18 AEUV ist **subsidiär** gegenüber den Grundfreiheiten („unbeschadet besonderer Bestimmungen der Verträge"); ihm kommt **eigenständige Bedeutung** noch dort zu, wo sein *Inhalt nicht vollständig* von *besonderen Diskriminierungsverboten* abgedeckt ist.

Bsp.: Art. 157 AEUV verbietet nur die Ungleichbehandlung von Männern und Frauen beim Arbeitsentgelt. Dürfen Angeklagte vor Gericht die Verfahrensprache nicht wie Einheimische wählen, ist Art. 18 AEUV einschlägig (EuGH ‚Bickel und Franz' 1998).

1. Schutzbereich des allgemeinen Diskriminierungsverbots

Von Art. 18 AEUV werden Angehörige der Mitgliedstaaten geschützt, also Unionsbürger nach Art. 20 AEUV. Neben natürlichen Personen genießen auch juristische Personen den Schutz des Art. 18 AEUV; deren Staatsangehörigkeit bestimmt sich wie bei der Niederlassungsfreiheit nach Art. 54 Abs. 1 S. 1 AEUV. Art. 18 AEUV verbietet Diskriminierungen „im Anwendungsbereich des Vertrages": Dazu genügt ein Sachverhalt mit unionsrechtlichem Bezug, also etwa im Verbraucherschutz. Das allgemeine Diskriminierungsverbot gilt auch hier nur bei grenzüberschreitenden Sachverhalten; die Inländerdiskriminierung fällt nicht unter Art. 18 AEUV.

2. Verstoß gegen das allgemeine Diskriminierungsverbot

Art. 18 AEUV verbietet „jede" Diskriminierung – offen oder versteckt.

EuGH ‚Gravier' 1985
Die Französin Gravier nahm in Belgien ein Studium auf. Da ihre Eltern nicht in Belgien wohnten, musste sie höhere Immatrikulationsgebühren zahlen als ihre belgischen Kommilitonen. Obwohl die Hochschulpolitik nicht in die Zuständigkeit der Union gehört, steht der Hochschulzugang deswegen nicht außerhalb des Unionsrechts: Die Gebühren verstoßen gegen Art. 18 AEUV.

Hier kann die ‚Bosman'-Rechtsprechung entsprechend angewandt werden, so dass neben den Mitgliedstaaten auch Private das Diskriminierungsverbot einhalten müssen. Vgl. oben II.2.b.

3. Rechtfertigung des Verstoßes gegen das allgemeine Diskriminierungsverbot

Ein Verstoß gegen Art. 18 AEUV kann aus sachlichen Gründen gerechtfertigt werden. Dazu muss aber die Diskriminierung verhältnismäßig sein (vgl. oben I.3.a.).

4. Grundfall zum allgemeinen Diskriminierungsverbot

Das französische Strafverfahrensgesetz gesteht Opfern von Straftaten bei schweren Körperverletzungen eine staatliche Entschädigung zu, wenn eine Wiedergutmachung auf andere Weise ausscheidet. Dies gilt für ausländische Opfer unter der Voraussetzung, dass zwischen Frankreich und dem Heimatstaat des Ausländers ein Gegenseitigkeitsabkommen besteht. Der britische Fußballfan John Bull wird in Paris nach dem UEFA-Cup-Spiel zwischen Manchester United und Paris St. Germain überfallen und schwer verletzt. Die Täter können unerkannt entkommen. Da zwischen Großbritannien und Frankreich kein Gegenseitigkeitsabkommen besteht, verweigert ihm die ,Commission d'indemnisation des victimes d'infractions' eine Entschädigung. Außerdem gehe es hier um Strafverfahrensrecht, das nicht in den Anwendungsbereich des Unionsrecht falle. Dagegen beruft sich John Bull auf seine Unionsbürgerschaft. Liegt hier ein Verstoß gegen das Verbot der Diskriminierung auf Grund der Staatsangehörigkeit vor?

Zu prüfen ist, ob das französische Recht gegen Art. 18 AEUV verstößt.

1. Dazu müsste der Schutzbereich des allgemeinen Diskriminierungsverbotes eröffnet sein.

   a) Das setzt voraus, dass John Bull Unionsbürger ist. Nach Art. 20 Abs. 1 S. 2 AEUV ist Unionsbürger, wer die Staatsangehörigkeit eines Mitgliedstaates besitzt. John Bull ist Brite und besitzt damit die Staatsangehörigkeit eines Mitgliedstaates.

   b) Fraglich ist, ob die Entschädigung von Opfern von Straftaten in den sachlichen Schutzbereich des allgemeinen Diskriminierungsverbotes fällt. Art. 18 AEUV verbietet Diskriminierungen „im Anwendungsbereich der Verträge". Dazu genügt ein unionsrechtlicher Sachverhalt. Die französische Behörde wendet ein, es handele sich nicht um einen unionsrechtlichen Sachverhalt, da das Strafverfahrensrecht in die Zuständigkeit der Mitgliedstaaten fiele. Das trifft hier zwar zu, allerdings reicht die Zuständigkeit der Mitgliedstaaten nur soweit, wie das allgemeine Diskriminierungsverbot nicht verletzt wird. Da das Unionsrecht die Freizügigkeit von natürlichen Personen im Rahmen der passiven Dienstleistungsfreiheit garantiert, sind diese auch in anderen Mitgliedstaaten genauso geschützt wie die Angehörigen dieses Mitgliedstaates. Die an sich gegebene mitgliedstaatliche Zuständigkeit wird hier also durch das Unionsrecht begrenzt. Der Sachverhalt weist damit einen unionsrechtlichen Bezug auf. Somit fällt die Opferentschädigung in den sachlichen Schutzbereich des allgemeinen Diskriminierungsverbotes.

   c) Der Schutzbereich des allgemeinen Diskriminierungsverbotes ist also eröffnet.

2. Indem das französische Strafverfahrensrecht bei der Opferentschädigung zwischen eigenen Staatsangehörigen und Ausländern unterscheidet, liegt hier ein Verstoß gegen das allgemeine Diskriminierungsverbot durch eine offene Diskriminierung vor.

3. Das Erfordernis eines Gegenseitigkeitsabkommens stellt keine Rechtfertigung des Verstoßes gegen das allgemeine Diskriminierungsverbot aus sachlichen Gründen dar.

4. Damit verstößt die einschlägige Vorschrift des französischen Strafverfahrensrechtes gegen das allgemeine Diskriminierungsverbot.

C. Die Unionsbürgerschaft

Nach Art. 20 Abs. 1 S. 2 AEUV ist Unionsbürger, wer die Staatsangehörigkeit eines Mitgliedstaats besitzt. Die Unionsbürgerschaft tritt neben die nationale Staatsbürgerschaft (Art. 20 Abs. 1 S. 3 AEUV). Aus ihr ergeben sich neben Pflichten auch Rechte.

Übersicht 12: **Die Rechte aus der Unionsbürgerschaft**

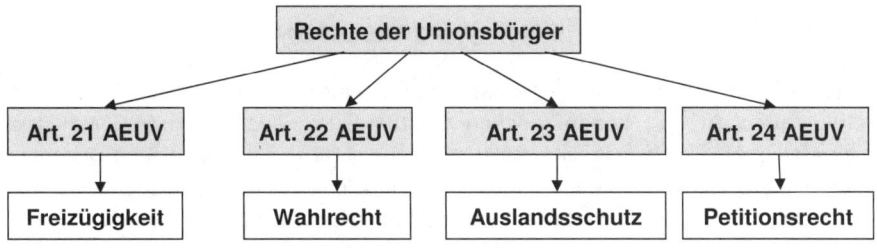

I. Das Recht auf Freizügigkeit

Jeder Unionsbürger hat nach Art. 21 Abs. 1 AEUV eine **allgemeines Recht** zum **Aufenthalt** in allen anderen Mitgliedstaaten, allerdings unter dem Vorbehalt „der in diesen Verträgen und in den Durchführungsvorschriften vorgesehenen Beschränkungen und Bedingungen."

> **EuGH „Baumbast" 2002**
> Das deutsch-kolumbianische Ehepaar Baumbast hat zwei Kinder: Die jüngere Tochter ist Kind beider Eltern; die ältere Tochter ist ein nichteheliches Kind Frau Baumbasts und besitzt die kolumbianische Staatsangehörigkeit. Als Wanderarbeitnehmer erhielt Herr Baumbast einen befristete Aufenthaltstitel in Großbritannien für sich und seine Familie. Auf Grund einer schwierigen Arbeitsmarktlage musste Herr Baumbast jedoch einer Erwerbstätigkeit außerhalb Großbritanniens nachgehen, die Ehefrau und die Töchter blieben in Großbritannien wohnen. Nach Ablauf des befristeten Aufenthaltstitels beantragte die Familie einen unbefristeten Aufenthaltstitel, den die britischen Behörden ihr verweigerten. Da aber die ältere Tochter ihren Wohnsitz in Großbritannien zu jener Zeit gehabt hatte, als auch Herr Baumbast ein Aufenthaltsrecht als Wanderarbeiter gehabt hatte, stand ihr ein Aufenthaltsrecht zu. Darauf wirkt sich nicht aus, dass sie die Staatsangehörigkeit eines Drittstaates besitzt und dass die Ehe der Eltern zwischenzeitlich geschieden wurde. Herr Baumbach selbst besitzt als Unionsbürger ein Aufenthaltsrecht, das sich unmittelbar aus Art. 21 Abs. 1 AEUV ergibt.

Das Aufenthaltsrecht aus Art. 21 Abs. 1 AEUV tritt jedoch hinter die spezielleren Aufenthaltsrechte aus Arbeitnehmerfreizügigkeit und Niederlassungsfreiheit zurück.

II. Das Wahlrecht

Nach Art. 22 Abs. 1 AEUV steht jedem Unionsbürger mit Wohnsitz in einem Mitgliedstaat, dessen Staatsangehörigkeit er nicht besitzt, in seinem Wohnsitzstaat das **aktive** und **passive Wahlrecht** bei **Kommunalwahlen** wie einem Inländer zu.

Bei **Wahlen** zum **Europäischen Parlament** verleiht Art. 22 Abs. 2 AEUV jedem Unionsbürger in seinem Wohnsitzstaat das aktive und passive Wahlrecht unter den gleichen Bedingungen wie den Staatsangehörigen des Aufenthaltstaates.

III. Der Auslandsschutz

Nach Art. 23 AEUV hat jeder Unionsbürger in einem Nicht-EU-Staat Anspruch auf **diplomatischen** und **konsularischen Schutz** eines jeden anderen im Drittstaat vertretenen Mitgliedstaates. Dies setzt allerdings voraus, dass der eigene Staat keine Vertretung unterhält. Außerdem muss nach den allgemeinen Regeln des Völkerrechts der betroffene Drittstaat dem geltend gemachten diplomatischen Schutz zustimmen.

IV. Das Petitionsrecht

Art. 24 Abs. 1 und Abs. 2 AEUV gibt jeder natürlichen oder juristischen Person mit Wohnort oder Sitz in einem Mitgliedstaat das Recht, sich mit Petitionen an das Europäische Parlament (Art. 227 AEUV) oder den Bürgerbeauftragten (Art. 228 AEUV) zu wenden.

V. Das Bürgerbegehren

Das Bürgerbegehren nach Art. 11 Abs. 4 EUV ist ein erster Schritt, um die Unionsbürger an der Rechtsetzung zu beteiligen. Eine Million Unionsbürger aus einer erheblichen Zahl von Mitgliedstaaten können die Kommission dazu auffordern, einen Rechtsakt vorzuschlagen.

Wiederholungsfragen zum 4. Kapitel

1. Was bildet den Bestand der Grundrechte der EU?

Bestand der EU-Grundrechte sind die EMRK und die allgemeinen Rechtsgrundsätze, wie sich aus den gemeinsamen Verfassungsüberlieferungen der Mitgliedstaaten ergeben (Art. 6 Abs. 2 EUV), sowie die Grundrechtecharta.

2. Welche Funktionen haben unionsrechtliche Grundrechte und Grundfreiheiten, und an wen richten sie sich?

Grundfreiheiten sollen im Hinblick auf die Mitgliedstaaten den Binnenmarkt verwirklichen; Grundrechte dienen dem Freiheitsschutz gegenüber der Union und den Mitgliedstaaten, soweit diese Unionsrecht durchführen.

3. Was kennzeichnet den Binnen-markt?	Kennzeichen für den Binnenmarkt ist die Freiheit des Waren-, Personen-, Dienstleistungs- und Kapitalverkehrs (Art. 26 Abs. 2 AEUV).
4. Wie wird die Freiheit des Warenverkehrs gewährleistet?	Die Freiheit des Warenverkehrs basiert auf einer Zollunion zwischen den Mitgliedstaaten und der Beseitigung mengenmäßiger Ein- und Ausfuhrbestimmungen im Handel zwischen den Mitgliedstaaten.
5. Worauf fußt die Zollunion?	Neben der Einführung eines Gemeinsamen Zolltarifs gegenüber Drittstaaten fußt die Zollunion auf dem Verbot, zwischen den Mitgliedstaaten Zölle und Abgaben gleicher Wirkung zu erheben (Art. 28 Abs. 1 AEUV).
6. Was besagt die ‚Dassonville'-Formel?	Nach der ‚Dassonville'-Formel ist "jede Maßnah-me, die geeignet ist, den Handel innerhalb der Union unmittelbar oder mittelbar, tatsächlich oder potentiell zu stören" eine Maßnahme gleicher Wirkung im Sinne der Art. 34, 35 AEUV.
7. Was besagt die ‚Keck'-Formel?	Nach der ‚Keck'-Formel fallen "nationale Bestimmungen, die bestimmte Verkaufsmoda-litäten beschränken oder verbieten" nicht unter Maßnahmen mit gleicher Wirkung wie eine Einschränkung.
8. Was besagt die ‚Cassis'-Formel?	Nach der Cassis'-Formel sind mitgliedstaatliche Handelshemmnisse hinzunehmen, soweit sie notwendig sind, um zwingenden Erfordernissen des Allgemeinwohls gerecht zu werden, und sind damit gerechtfertigt.
9. Gelten die Grundfreiheiten nur gegenüber den Mitgliedstaaten?	Die Arbeitnehmerfreizügigkeit bindet auch Privatpersonen, die eine dem Staat vergleichbare Stellung innehaben.
10. Wie ist das Verhältnis der Dienstleistungsfreiheit zu den anderen Grundfreiheiten?	Die Dienstleistungsfreiheit ist subsidiär zu Warenverkehrsfreiheit, den Personenverkehrs-freiheiten und der Kapitalverkehrsfreiheit.
11. Was ist Auffang-Tatbestand für die Grundfreiheiten?	Auffang-Tatbestand für die Grundfreiheiten ist das allgemeine Diskriminierungsverbot nach Art. 18 AEUV.
12. Was setzt die Unionsbürger-schaft voraus?	Die Unionsbürgerschaft setzt die Staats-angehörigkeit eines Mitgliedstaates voraus.
13. Welche Rechte vermittelt die Unionsbürgerschaft?	Die Unionsbürgerschaft vermittelt das Recht auf allgemeine Freizügigkeit und freien Aufenthalt (Art. 21 AEUV), das Wahlrecht zu Kommunalwahlen und Wahlen des Europäischen Parlaments (Art. 22 AEUV), diplomatischen und konsularischen Schutz (Art. 23 AEUV), das Petitionsrecht (Art. 24 AEUV) sowie das Recht auf ein Bürgerbegehren (Art. 11 Abs. 4 EUV).

5. Kapitel
Der institutionelle Rahmen der Europäischen Union

Nach Art. 13 EUV umfasst der institutionelle Rahmen der EU als Organe der Union:
* das *Europäische Parlament*,
* den *Europäischen Rat*,
* den *(Minister-)Rat*,
* die *Europäische Kommission*,
* den *Gerichtshof* der Europäischen Union,
* die *Europäische Zentralbank* und
* den *Rechnungshof*.

Außerdem sehen die EU-Verträge weitere Institutionen mit Konsultations- und Sonderfunktionen vor.

> **Bsp.**: *Wirtschafts- und Sozialausschuss, Ausschuss der Regionen (Art. 13 Abs. 4 EUV); Europäische Investitionsbank (Art. 309 AEUV).*

Im Unterschied zu Nationalstaaten sind im Gefüge der supranationalen Europäischen Union die **Macht**verhältnisse *nicht nach den klassischen Gewalten Legislative, Exekutive und Judikative getrennt.*

> **Bsp.**: *Die Kommission verfügt über das Initiativmonopol bei der Rechtsetzung, ist zugleich aber Verwaltungsbehörde im Kartellrecht; der Rat verfügt als Hauptrechtsetzungsorgan auch über Exekutivkompetenzen; nur im Gerichtshof ist die Judikative konzentriert.*

Vielmehr darf nach Art. 13 Abs. 2 EUV jedes Organ nur nach Maßgabe der ihm in diesem Vertrag zugewiesenen Befugnisse handeln: Durch diesen *Grundsatz der begrenzten Einzelermächtigung* herrscht zwischen den Unionsorganen ein **institutionelles Gleichgewicht**.

EuGH ‚Roquette Frères' 1980

Das Unternehmen ‚Roquette Frères' stellte Isoglucose her, wurde aber durch eine Quotenregelung in der Produktion beschränkt. Die Quotenregelung basierte auf einer Verordnung, die der Rat ohne die vorgeschriebene Anhörung des Europäischen Parlaments erlassen hatte; die Verordnung war also unter Verletzung einer wesentlichen Formvorschrift nach Art. 263 AEUV zustande gekommen und war damit nichtig. Denn die für die Rechtsetzung vorgesehene Anhörung des Europäischen Parlaments spiegelt in beschränktem Maße ein grundlegendes Prinzip wider, wonach die Völker durch eine Versammlung ihrer Vertreter an der Ausübung der hoheitlichen Gewalt beteiligt sind. Das Anhörungsrecht des Europäischen Parlaments ist daher wesentlich für das vom Unionsrecht gewollte institutionelle Gleichgewicht.

66

Übersicht 13: **Der institutionelle Rahmen der Europäischen Union**

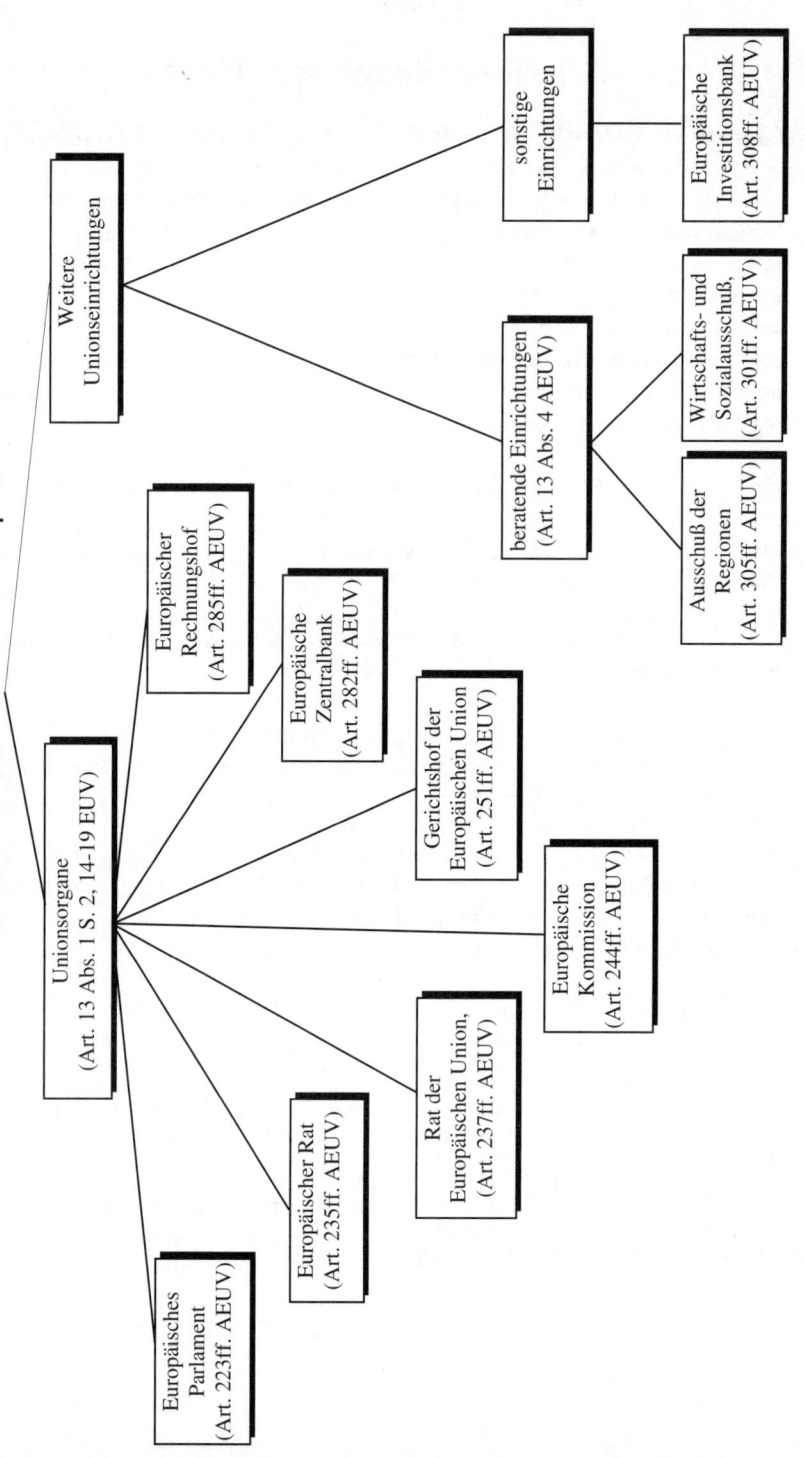

A. Die Organe der Europäischen Union

Die **Kommission** gilt als das Unionsorgan schlechthin, da sie das *Unionsinteresse* verkörpert. Dagegen werden durch den **Rat** als eine Art *Staatenkammer* die Interessen der einzelnen Mitgliedstaaten artikuliert. Die *Unionsbürger* sind schließlich im **Europäischen Parlament** vertreten. Als *Kontrollorgane* fungieren **Rechnungshof** und **Gerichtshof**, wobei der Rechnungshof die Finanzen der Union, der Gerichtshof die Rechtmäßigkeit der Unionsrechtsakte überwacht.

Nach Art. 341 AEUV wird der **Sitz** der **Organe** einvernehmlich zwischen den Mitgliedstaaten bestimmt, was inzwischen durch das *EUV-Protokoll* über die Festlegung der Sitze der Organe geschehen ist.

Übersicht 14: **Der Sitz der Unionsorgane**

Organ	Sitz
Europäisches Parlament	Straßburg
Kommission	Brüssel
Rat	Brüssel
Europäischer Rat	Brüssel
Gerichtshof	Luxemburg
Rechnungshof	Luxemburg
Europäische Zentralbank	Frankfurt/Main

Siehe auch die EU-Karte zu den Organen und Einrichtungen in der Europäischen Union in Übersicht 20.

I. Das Europäische Parlament

Das Europäische Parlament mit Sitz in Straßburg ist die **Vertretung der Unionsbürger** (Art. 10 Abs. 4, 14 Abs. 2 S. 1 EUV).

1. Die Zusammensetzung des Europäischen Parlaments

Das Europäische Parlament besteht aus höchstens 750 **Abgeordneten** (Art. 14 Abs. 2 S. 2 EUV), die für *fünf Jahre gewählt* werden (Art. 14 Abs. 3 EUV). Das passive und das aktive Wahlrecht stehen jedem Unionsbürger nach Art. 22 Abs. 2 AEUV an seinem Wohnsitz zu.

a. Die Wahl des Europäischen Parlaments

Seit 1979 besteht das Europäische Parlament nicht mehr aus Vertretern der nationalen Parlamente, sondern wird **direkt** von den Bürgern in **allgemeinen Wahlen** gewählt (Art. 14 Abs. 3 EUV). Aus dem Demokratieprinzip (Art. 2 S. 1 EUV) folgt die **freie** und **geheime** Wahl zum Europäischen Parlament.

Weiterer Ausfluß des Demokratieprinzips ist die Gleichheit der Wahl, d.h. jede Stimme muss nicht nur gezählt werden, sondern auch den gleichen Einfluß auf das Wahlergebnis haben. Damit das Europäische Parlament arbeitsfähig bleibt und auch die bevölkerungsarmen Mitgliedstaaten noch ausreichend repräsentiert sind, gilt allerdings der Grundsatz der **„degressiven Proportionalität"** (Art. 14 Abs. 2 S. 3 EUV). Danach verfügen bevölkerungsreicheren Mitgliedstaaten über mehr Sitze als bevölkerungsarme Mitgliedstaaten, bevölkerungsarmen Mitgliedstaaten stehen dafür mehr Sitze pro Einwohner zu als bevölkerungsreicheren Mitgliedstaaten. Dabei sind die Mitgliedstaaten mit mindestens sechs, aber nicht mehr als 96 Parlamentariern vertreten.

Bsp.: *Die BRD entsendet bei einer Bevölkerung von rund 80 Mio. Bürgern 96 Abgeordnete, damit vertritt ein deutscher Europaabgeordneter rund 830.000 Bürger. Dagegen vertreten die 6 Parlamentarier aus Malta (Bevölkerung: 0,4 Mio.) jeweils rund 67.000 Bürger.*

Da ein **einheitliches Wahlverfahren** nach Art. 223 Abs. 1 AEUV **noch nicht erlassen** wurde, richtet sich die Wahl zum Europäischen Parlament nach *nationalen Gesetzen* (Art. 7 Abs. 2 Direktwahlakt).

Geregelt werden die Wahlen zum Europäischen Parlament in *Deutschland* vom **Europawahlgesetz**, in *Österreich* von der **Europawahlordnung**.

b. Die Organisation des Europäischen Parlaments

Die Abgeordneten sind in **multinationalen Fraktionen** organisiert, die *von politischen Parteien* auf europäischer Ebene als Integrationsfaktoren (Art. 10 Abs. 4 EUV) *gebildet* werden.

Bsp.: *Europäische Volkspartei (EVP); Sozialdemokratische Partei Europas (SPE).*

Neben den monatlichen Sitzungen im **Plenum** spielt sich die Arbeit der Parlamentarier vor allem in den **Ausschüssen** ab.

2. Die Aufgaben des Europäischen Parlaments

Klassische Parlamentsfunktionen wie Rechtsetzung, Bestellung von Organen und Kontrolle der Ausübung öffentlicher Gewalt sind beim Europäischen Parlament unterschiedlich ausgeprägt.

a. Rechtsetzung durch das Europäische Parlament

Im Unterschied zu nationalen Parlamenten kann das Europäische Parlament selbst keine Vorlagen für Rechtsakte einbringen, da das Initiativmonopol bei der Kommission liegt. Allerdings kann es die Kommission dazu auffordern, ein Rechtsetzungsverfahren einzuleiten (Art. 225 Abs. 2 AEUV).

Das Europäische Parlament verfügt über keine eigenen Rechtsetzungsbefugnisse mit Ausnahme der schon erlassenen Geschäftsordnung (Art. 232 Abs. 1 AEUV) und einem noch zu erlassenden Abgeordnetenstatut (Art. 223 Abs. 2 AEUV). Zusammen mit dem Rat ist das Europäische Parlament allerdings **Hauptrechtsetzungsorgan** im Wege des *ordentlichen Gesetzgebungsverfahrens* nach Art. 294 AEUV. Das *Zustimmungsverfahren* ist dagegen lediglich wichtigen Bereichen vorbehalten; geringe Anwendung finden nur noch das *Anhörungsverfahren* (Art. 289 Abs. 2, 4 EUV).

Vgl. dazu Kapitel 6, B.I.2.

b. Organbestellungen durch das Europäische Parlament

Selbstständig kann das Europäische Parlament nur den **Europäischen Bürgerbeauftragten** *ernennen* (Art. 228 Abs. 1 AEUV). Bei der Ernennung der **Kommission** spielt es allerdings eine wichtige Rolle: Der vom Rat benannte Präsident der Kommission sowie die anderen Kommissionsmitglieder müssen die *Zustimmung des Europäischen Parlaments* erhalten, bevor sie vom Europäischen Rat eingesetzt werden können (Art. 17 Abs. 7 UAbs. 1, 3 AEUV). Zumindest *angehört* werden muss das Europäische Parlament vor Ernennung der Mitglieder des **EZB-Direktoriums** (Art. 283 Abs. 2 UAbs. 2 AEUV) und der Mitglieder des **Rechnungshofes** (Art. 286 Abs. 2 S. 2 AEUV).

c. Kontrolle durch das Europäische Parlament

Über **klassische Mittel** der **parlamentarischen Kontrolle** verfügt auch das Europäische Parlament: Es kann nach Art. 234 AEUV der Kommission das *Misstrauen aussprechen* und ihr die *Entlastung* für die *Haushalt*sführung nach Art. 319 Abs. 1 AEUV *verweigern*.

Dem Europäischen Parlament steht ferner das Recht zu, *Missstände in der Anwendung des Unionsrechtes* durch einen **Untersuchungsausschuss** (Art. 226 AEUV) oder durch den **Bürgerbeauftragten** (Art. 228 AEUV) untersuchen zu lassen. Dabei kann das Europäische Parlament durch eine Petition eines Unionsbürgers nach Art. 24 i.V.m. 227 AEUV auf die Missstände aufmerksam gemacht werden.

Außerdem sind dem Europäischen Parlament berichts- und informationspflichtig: die anderen Unionsorgane mit Ausnahme des Gerichtshofes und des Europäischen Rates sowie die Mitgliedstaaten. Von sich aus können die Abgeordneten des Europäischen Parlaments schließlich das **Fragerecht** ausüben gegenüber *Rat, Kommission* und *EZB* (Art. 36 UAbs. 2 S. 1 EUV; Art. 230 Abs. 3, 319 Abs. 3, 184 Abs. 3 AEUV; Art. 132 Abs. 3 AEUV).

Als **ultima ratio** kann das Europäische Parlament den EuGH im Rahmen einer *Nichtigkeits- oder Untätigkeitsklage* anrufen (Art. 263, 265 AEUV).
Vgl. dazu Kapitel 9, B., C..

3. Beschlussfassung im Europäischen Parlament

Soweit die Verträge nichts anderes bestimmen, werden Beschlüsse des Europäischen Parlaments nach Art. 231 Abs. 1 AEUV „mit der **Mehrheit** der **abgegebenen Stimmen**" gefasst (Hälfte der abgegebenen Stimmen und mindestens eine weitere Stimme).

Ausnahmsweise ist für die Beschlussfassung die **Mehrheit** der **Abgeordneten** erforderlich (Hälfte der tatsächlichen Mitgliederzahl des Europäischen Parlaments und mindestens eine weitere Stimme).
> **Bsp.:** *Antrag auf EU-Mitgliedschaft (Art. 49 Abs. 1 S. 3 EUV); Erlass eines Rechtsaktes im ordentlichen Gesetzgebungsverfahren nach Anrufung des Vermittlungsausschusses (Art. 294 Abs. 10 AEUV).*

Daneben sind noch **qualifizierte Mehrheiten** vorgesehen, die mit mindestens zwei Dritteln oder drei Fünftel der abgegebenen Stimmen gebildet wird.
> **Bsp.:** *Misstrauensvotum gegen die Kommission nur mit zwei Dritteln der Stimmen, die von der Mehrheit der Parlamentarier abgegeben sein müssen (Art. 234 Abs. 2 AEUV)*

Übersicht 15: **Das Europäische Parlament**

Aufgaben	• Vertretung der Unionsbürger
	• Beteiligung an der Rechtsetzung
	• Zustimmung zur Bestellung der Kommission
	• Kontrolle der Kommission
Zusammensetzung	• 750 Abgeordnete
	• für eine Dauer von fünf Jahren
	• in Direktwahl
	• Organisation in multinationalen Fraktionen
Beschlussfassung	• Grundsatz: Mehrheit der abgegebenen Stimmen
	• Ausnahmen: Mehrheit der Abgeordneten; qualifizierte Mehrheiten
Sitz	Straßburg
Internet	http://www.europarl.europa.eu

II. Der Europäische Rat

Der Europäische Rat ist das **politische Leitorgan der EU** und verfügt wegen seiner Zusammensetzung über eine *besondere Autorität.*

1. Zusammensetzung des Europäischen Rates

Der Europäische Rat ist 1974 an die Stelle der europäischen Gipfeltreffen der höchsten Repräsentanten der Mitgliedstaaten getreten. Er setzt sich aus den **Staats- und Regierungschefs** der Mitgliedstaaten sowie dem **Präsidenten** der **Europäischen Kommission** und dem **Präsidenten** des **Europäischen Rates** zusammen (Art. 15 Abs. 2 EUV). Der Hohe Vertreter der Union für die Außen- und Sicherheitspolitik nimmt an den Sitzungen des Europäischen Rates teil, ohne dessen Mitglied zu sein.

Der Europäische Rat tritt zweimal jährlich zusammen (Art. 15 Abs. 3 Hs. 1 EUV). Den Vorsitz im Europäischen Rat hat der **Präsident** des **Europäischen Rates** inne (Art. 15 Abs. 6 EUV). Zu den Aufgaben des Präsidenten des Europäischen Rates gehören außerdem

> ➤ *Vorbereitung* der Sitzungen des *Europäischen Rates,*
> ➤ Erstellung eines *Tagungsberichtes* für das EP und
> ➤ *Außenvertretung* der Union in der *GASP.*

Der Präsident des Europäischen Rates wird mit qualifizierter Mehrheit für höchstens zweimal zweieinhalb Jahren gewählt (Art. 15 Abs. 5 EUV).

Bsp.*: Herman van Rompuy (2009-2014), Donald Tusk (seit 2014).*

2. Aufgaben des Europäischen Rates

Nach Art. 15 Abs. 1 S. 1 EUV gibt der Europäische Rat der Union die **für** ihre **Entwicklung erforderlichen Impulse** und legt die **allgemeinen politischen Zielvorstellungen** für diese Entwicklung fest.

Bsp.*: Vollendung des Binnenmarktes; Osterweiterung.*

Über den Wortlaut dieser Vorschrift hinaus kommt dem Europäischen Rat in der **Praxis** eine **wichtige Rolle** zu. Nicht selten können *umstrittene Detailfragen* nur im Europäischen Rat *geklärt* werden. Da der Europäische Rat aus den höchsten Repräsentanten der Mitgliedstaaten besteht, können diese *politische Lösungen* finden – meist im Wege des ,package deal' (sprich: *Kuhhandel*).

3. Beschlussfassung im Europäischen Rat

Der Europäische Rat entscheidet grundsätzlich im Wege der **Einstimmigkeit** (Art. 15 Abs. 4 EUV).

Übersicht 16: **Der Europäische Rat**

Aufgaben	• Impulsgeber für die Entwicklung der EU
	• Festlegung allgemeiner politischer Zielvorstellungen
	• in der Praxis: Lösung von umstrittenen Detailfragen (,package deal')
Zusammensetzung	• Staats- und Regierungschefs der Mitgliedstaaten
	• Präsident des Europäischen Rates
	• Präsident der Europäischen Kommission
Beschlussfassung	grundsätzlich Einstimmigkeit
Sitz	Brüssel
Internet	http://www.consilium.europa.eu/de/european-council

III. Der Rat

Der Rat bildet eine **Staatenkammer**, in der die *Interessen* der einzelnen *Mitgliedstaaten vertreten* sind. Er bezeichnet sich selbst als Rat der Europäischen Union.

1. Zusammensetzung des Rates

Jeder Mitgliedstaat entsendet in den Rat einen **Vertreter** auf **Ministerebene**, der für die Regierung des Mitgliedstaates zu handeln befugt ist (Art. 16 Abs. 2 EUV). Dabei tagt der Rat in nach Ressorts eingeteilten Zusammensetzungen.

> **Bsp.:** ‚Rat der Wirtschafts- und Finanzminister' (ECOFIN); der Rat der Außenminister heißt ‚Allgemeine Angelegenheiten' (Art. 16 Abs. 6 EUV).

Vom Rat zu unterscheiden sind die **im Rat vereinigten Vertreter der Mitgliedstaaten**, eine *Staatenkonferenz*, die völkerrechtliche Beschlüsse fasst.

> **Bsp.:** Die Ernennung von Richtern des EuGH (Art. 253 UAbs. 2 S. 2 AEUV).

a. Der Vorsitz im Rat

Den **Vorsitz im Rat** hat *jeweils ein Mitgliedstaat* für die Dauer von *sechs Monaten* nach einer durch einstimmigen Ratsbeschluss vorgesehenen Reihenfolge (Art. 16 Abs. 9 AEUV).

> **Bsp.:** 1. Halbjahr 2015: Lettland; 2. Halbjahr 2015: Luxemburg; 1. Halbjahr 2016: Niederlande; 2. Halbjahr 2016: Slowakei; 1. Halbjahr 2017: Malta; 2. Halbjahr 2017: Vereinigtes Königreich; 1. Halbjahr 2018: Estland; 2. Halbjahr 2018: Bulgarien.

b. Der Ausschuss der Ständigen Vertreter

Zwischen den Tagungen des Rates werden nach Art. 16 Abs. 7 EUV die Geschäfte durch den Ausschuss der Ständigen Vertreter koordiniert (AStV, bekannt auch unter der französischen Bezeichnung COREPER für ‚COmité des REprésentants PERmanents'). Vor allem **bereitet** der AStV die **Beschlussfassung** im Rat **vor**. Durch die Vorarbeiten des AStV muss im Rat nur noch über die *streitigen ‚A-Punkte' verhandeln*, während die *unstreitigen ‚B-Punkte'* ohne weiteres *beschlossen* werden können.

2. Aufgaben des Rates

Da das klassische Gewaltenteilungssystem im Bereich der Union nicht gilt, lassen sich die **Aufgaben** des Rates auch nach den **klassischen Parlamentskategorien** einteilen. Daneben sorgt der Rat nach Art. 121 AEUV vor allem für eine **Abstimmung** der **Wirtschaftspolitik** der Mitgliedstaaten.

a. Rechtsetzung durch den Rat

Der Rat ist das **Hauptrechtsetzungsorgan** für *sekundäres Unionsrecht* zur Durchführung der Unionsverträge; im Bereich ordentlichen Gesetzgebungsverfahrens nach Art. 294 AEUV teilt sich der Rat diese Aufgabe mit dem Europäischen Parlament. Angesichts des Initiativmonopols der Kommission kann der Rat nach Art. 241 AEUV die Kommission nur dazu auffordern, den Erlass eines Rechtsaktes einzuleiten. Der Rat ist außerdem verpflichtet, der Kommission Befugnisse zur Durchführung der von ihm angenommenen Rechtsakte zu übertragen (Art. 290 AEUV).

Gemeinsam mit dem Parlament übt der Rat außerdem die **Haushaltsbefugnisse** aus (Art. 16 Abs. 1 S. 1 EUV).

b. Organbestellungen durch den Rat

Der Rat **ernennt** die **Mitglieder** von
- *Rechnungshof* (Art. 286 Abs. 2 S. 2 AEUV),
- *Wirtschafts- und Sozialausschuss* (Art. 302 Abs. 1 AEUV) und
- *Ausschuss der Regionen* (Art. 305 Abs. 3 S. 3 AEUV).

c. Kontrolle durch den Rat

Kontrollbefugnisse kommen dem Rat gegenüber der Kommission zu durch die Möglichkeit der *Amtsenthebung* eines Kommissars nach Art. 247 AEUV sowie durch die Einsetzung besonderer *Ausschüsse*.
Bsp.: *Ausschuss für Zoll- und Handelsvertragsverhandlungen (Art. 207 Abs. 3 AEUV).*

Wie das Europäische Parlament kann der Rat den EuGH als ultima ratio anrufen im Rahmen einer *Nichtigkeits-* oder *Untätigkeitsklage* (Art. 263, 265 AEUV).
Vgl. dazu Kapitel 9, B., C..

3. Beschlussfassung im Rat

Die Anforderungen für das Zustandekommen eines Ratsbeschlusses steigen je nach Politikbereich von einer einfachen über eine qualifizierte Mehrheit bis hin zur Einstimmigkeit. Eine Besonderheit stellt dabei der ‚Kompromiss von Ioannina' dar.

a. Qualifizierte Mehrheit

Ratsbeschlüsse erfolgen, soweit die Verträge nicht anderes vorschreiben, mit **qualifizierter Mehrheit** (Art. 16 Abs. 3 AEUV).

In einem Übergangszeitraum bis zum 31. 3. 2017 (seit dem 1. 11. 2014 nur auf Antrag eines Mitgliedstaates) werden dabei die *Stimmen* der *Mitgliedstaaten gewichtet* (Art. 3 Abs. 3 des Protokolls Nr. 36 über die Übergangsbestimmungen):

Mitgliedstaaten	Stimmen
Deutschland, Frankreich, Italien, Vereinigtes Königreich	29
Spanien, Polen	27
Rumänien	14
Niederlande	13
Belgien, Tschechische Republik, Griechenland, Ungarn, Portugal	12
Österreich, Schweden, Bulgarien	10
Dänemark, Irland, Litauen, Slowakei, Finnland	7
Estland, Zypern, Lettland, Luxemburg, Slowenien	4
Malta	3

Beschlüsse, die auf Vorschlag der Kommission zustandekommen, müssen danach 255 Stimmen erhalten. Ohne Vorschlag der Kommission gefaßte Beschlüsse müssen zusätzlich die Zustimmung von *mindestens zwei Dritteln der Mitgliedstaaten* erhalten (**„doppelt qualifizierte Mehrheit"**). Ein Mitglied des Europäischen Rates oder des Rates kann schließlich überprüfen lassen, ob die Mitgliedstaaten, die die qualifizierte Mehrheit bilden, 62% der Unionsbevölkerung auf sich vereinigen; ist dies nicht der Fall, wird der betreffende Rechtsakt nicht erlassen (Art. 3 Abs. 3 UAbs. 4 des Protokolls Nr. 36 über die Übergangsbestimmungen).

Gemäß Art. 16 Abs. 4 EUV wird seit dem 1. 11. 2014 (bzw. spätestens ab dem 1. 4. 2017 aufgrund der geschilderten Übergangsregelung) eine qualifizierte Mehrheit erreicht bei Zustimmung von mindestens *15 Mitgliedstaaten*, die zusammen mindestens ausmachen

  ➢ *55% der Mitglieder des Rates* und
  ➢ *65% der Bevölkerung.*

b. Einfache Mehrheit und Einstimmigkeit

Vom Grundsatz der qualifizierten Mehrheit abweichend reicht zuweilen auch die **einfache Mehrheit** aus. In einigen von den Mitgliedstaaten als vital eingeschätzten Politikbereichen ist **Einstimmigkeit** vorgesehen. Eine Stimmenthaltung steht dem Zustandekommen des Rechtsaktes dabei nicht entgegen (Art. 238 Abs. 4 AEUV).

  Bsp.: Harmonisierung indirekter Steuern (Art. 113 AEUV).

c. Der 'Kompromiss von Ioannina'

Das Mehrheitsprinzip wird eingeschränkt durch die Neuauflage des sogenannten **Kompromisses von Ioannina**. Nach der Erklärung zu Art. 16 Abs. 4 EUV und zu Art. 238 Abs. 2 AEUV wird im Rat eine *breitere Mehrheit* gesucht, wenn ein mit qualifizierter Mehrheit zu erlassender Rechtsakt von einer bestimmten Anzahl von Ratsmitgliedern abgelehnt wird. Dazu müssen diese Ratsmitglieder mindestens 75 % (ab 2014) bzw. mindestens 55 % (ab 2017) der Bevölkerung und der Mitgliedstaaten vertreten, die für die Sperrminderheit erforderlich sind.

Übersicht 17: **Der Rat der Europäischen Union**

Aufgaben	• Staatenkammer
	• Festlegung der Wirtschaftspolitik
	• Hauptrechtsetzungsorgan
	• Organbestellungen
	• Kontrolle der Kommission
Zusammensetzung	• Minister in jeweiligem Ressort
	• Ausschuss Ständiger Vertreter
	• Generalsekretariat
Beschlussfassung	• einfache Mehrheit
	• Einstimmigkeit
	• Qualifizierte Mehrheit
	• ‚Kompromiss von Ioannina'
Sitz	Brüssel
Internet	http://www.consilium.europa.eu/de/council-eu

IV. Die Kommission

Die Kommission mit Sitz in Brüssel vertritt das *Unionsinteresse* durch ihre Mitglieder, die auf das allgemeine Wohl der Union verpflichtet sind; sie gilt dadurch als das **Unionsorgan schlechthin**. Selbst nennt sie sich Europäische Kommission.

1. Zusammensetzung der Kommission

Die Kommission setzt sich aus unabhängigen Persönlichkeiten zusammen, die nur dem europäischen Gemeinwohl verpflichtet sind (Art. 17 Abs. 3 S. 1, Abs. 2 EUV). Jeder Mitgliedstaat stellt einen **Kommissar** (Art. 17 Abs. 4, 5 EUV iVm ER-Beschluss v. 22. 5. 2013) für den Zeitraum von fünf Jahren (Art. 17 Abs. 3 EUV).

Ein Präsident steht den übrigen Mitgliedern der Kommission vor und übt die politische Führung aus (Art. 17 Abs. 6 EUV). Dazu kann der **Kommissionspräsident** sowohl einzelnen Kommissaren als auch dem Kommissionskollegium politische Leitlinien vorgeben; außerdem ist er befugt, den Kommissaren spezielle Aufgabenbereiche zuzuweisen (Art. 17 Abs. 6 lit. b EUV, 248 AEUV).

Bsp.: *José Barroso (2004-2014), Jean-Claude Juncker (seit 2014).*

Jacques **Delors**, geb. 1925 in Paris, war nach Etappen in der französischen Politik zunächst Europaparlamentarier und dann von 1985 bis 1995 Präsident der Europäischen Kommission. Initiator des Binnenmarktkonzeptes und der Wirtschafts- und Währungsunion.

Art. 18 EUV sieht einen **Hohen Vertreter der Union für Außen- und Sicherheitspolitik** vor, der mit Zustimmung des Kommissionspräsidenten vom Europäischen Rat mit qualifizierter Mehrheit ernannt und abgesetzt werden kann. Zu seinen Aufgaben gehören:

➢ *Leitung* und *Durchführung* der *GASP,*
➢ *Vorsitz* im *Rat ,Auswärtige Angelegenheiten,'*
➢ *Vizepräsident* der *Kommission,*
➢ *Kommissar* für *Außenbeziehungen.*

Als Ratsvorsitz und Kommissionsmitglied trägt er einen ,Doppelhut'. Unterstützt wird er vom Europäischen Auswärtigen Dienst (Art. 27 Abs. 3 EUV).

Bsp.: *Catherine Ashton (2009-2014), Federica Mogherini (seit 2014).*

Die Kommissare stehen nach Ressorts aufgeteilten Dienststellen vor. Dienststellen sind in **Generaldirektionen** und gleichgestellte Dienste gegliedert.

Bsp.: *Generaldirektion Wettbewerb; Generalsekretariat, Juristischer Dienst.*

a. Die Einsetzung der Kommission

Nach Art. 17 Abs. 7 EUV verläuft die Einsetzung der Kommission in drei Schritten: Zunächst schlägt der Europäische Rat mit qualifizierter Mehrheit seinen **Kandidaten für das Amt** des **Präsidenten der Kommission** vor, der vom Europäischen Parlament mit einfacher Mehrheit gewählt werden muss; danach erstellen die Mitgliedstaaten einvernehmlich mit dem designierten Kommissionspräsidenten eine **Liste** der **zukünftigen Kommissare**. Erst wenn der designierte Kommissionspräsident und die Kommissaranwärter als Kollegium vom Europäischen Parlament in einem Zustimmungsvotum bestätigt werden, kann der Europäische Rat die **Kommission** mit qualifizierter Mehrheit **ernennen**.

b. Das Ende der Kommission

Die **Amtszeit** der Kommissionsmitglieder **endet** durch
> *Ablauf* der fünfjährigen *Amtsperiode* (Art. 17 Abs. 3 S. 1 EUV),
> *Todesfall* (Art. 246 Abs. 1 AEUV),
> *freiwilligen Rücktritt* (Art. 246 Abs. 1 AEUV)
> einzelner Mitglieder oder der ganzen Kommission,
> *erzwungenen Rücktritt* nach Mißtrauensbeschluss des Parlaments (Art. 234 AEUV) bzw. nach Aufforderung durch den Kommissionspräsidenten (Art. Art. 17 Abs. 6 AEUV) oder
> *Amtsenthebung* durch den EuGH (Art. 246 Abs. 1 i.V.m. Art. 247 AEUV).

2. Aufgaben der Kommission

Die Kommission ist ‚Motor der Integration', Exekutive der Union und ‚Hüterin der Verträge'.

a. Die Kommission als ‚Motor der Integration'

Als ‚**Motor der Integration**' gilt die Kommission wegen ihres *Initiativmonopols*, da der Erlass eines Rechtsaktes von der Vorlage durch die Kommission abhängt (Art. 17 Abs. 2 S. 1 EUV).

Ohne selbst den Erlass eines Rechtsaktes anstoßen zu dürfen, können Rat und EP in der Regel die Kommission nur dazu auffordern, in dieser Hinsicht tätig zu werden. Nach Art. 11 Abs. 4 EUV können auch *1 Million Unionsbürger*, die Staatsangehörige einer erheblichen Anzahl von Mitgliedstaaten sind, die *Kommission* dazu *auffordern*, im Rahmen ihrer Befugnisse geeignete *Vorschläge* zur *Umsetzung* der *Verfassung* zu unterbreiten (**Bürgerinitiative**).

b. Die Kommission als Exekutive der Union

Vor allem im EU-Wettbewerbsrecht tritt die Kommission als Exekutive auf, indem sie als Kartellbehörde agiert.

Bsp.: *Verbot bestimmter Unternehmensfusionen (Art. 101 AEUV); Aufsicht über den Missbrauch marktbeherrschender Stellungen (Art. 102 AEUV).*

Auch wenn Rat und Parlament Hauptrechtsetzungsorgane sind, so ist die Kommission gemäß dem ‚**Grundsatz** der **Regeldelegation**' für den *Erlass* von *delegierten Rechtsakten* sowie von *Durchführungsvorschriften* zuständig (Art. 290, 291 AEUV). Dabei wird sie von Ausschüssen nationaler Experten (‚**Komitologie**') beraten und überwacht.

Vgl. dazu Kapitel 6, B.I.2.c.

c. Die Kommission als ‚Hüterin der Verträge'

Als ‚**Hüterin der Verträge**' *überwacht* die Kommission die *Mitgliedstaaten* im Hinblick darauf, ob diese primäres und sekundäres Unionsrecht einhalten und Urteile des EuGH befolgen. Im Falle eines Verstoßes leitet die Kommission das *Vertragsverletzungsverfahren* (Art. 258 AEUV) ein.

Vgl. dazu Kapitel 9, A..

d. Die Kommission in den Außenbeziehungen der Union

Die EU kann mit Drittstaaten **völkerrechtliche Verträge** schließen, die von der Kommission **ausgehandelt** werden.

Bsp.: *Handelsabkommen (Art. 207 Abs. 3 AEUV).*

Außerdem **vertritt** die Kommission die EU bei **internationalen Organisationen** (Art. 302 EGV).

3. Beschlussfassung in der Kommission

Die Kommission fasst Beschlüsse mit der **einfachen Mehrheit** ihrer Mitglieder (Art. 250 S. 1 AEUV): Es müssen also mindestens 15 Kommissionsmitglieder einem Beschluss zustimmen – in der Praxis wird die Kommission als *Kollegialorgan* in der Regel aber zu einer *Konsensentscheidung* kommen.

Übersicht 18: **Die Europäische Kommission**

Aufgaben	• Vertreterin der Unionsinteressen • Exekutive der Union • ‚Motor der Integration' (Initiativmonopol bei Rechtsetzung) • ‚Hüterin der Verträge' • Aushandeln von Völkerrechtsverträgen
Zusammensetzung	• Kollegium aus 28 Kommissaren einschließlich Kommissionspräsident und Hoher Vertreter der Union für Außen- und Sicherheitspolitik • Gliederung in Generaldirektionen
Beschlussfassung	• Mehrheit der Kommissare; de facto Konsens
Sitz	Brüssel
Internet	http://ec.europa.eu

V. Der Gerichtshof der Europäischen Union

Der Gerichtshof der Europäischen Union mit Sitz in Luxemburg umfasst die **Spruchkörper**

- *EuGH* ("Gerichtshof", genannt: Europäischer Gerichtshof),
- *EuG* ("Gericht", genannt: Europäisches Gericht) und
- *Fachgerichte.*

> Der EuGH ist **vom Europäischen Gerichtshof für Menschenrechte** zu **unterscheiden**, der die *Einhaltung der EMRK* überwacht.

1. Zusammensetzung des Gerichtshofes der Europäischen Union

Gemäß Art. 19 Abs. 2 UAbs. 2 S. 1 bzw. UAbs. 2 EUV bestehen EuGH und EuG aus **einem Richter je Mitgliedstaat** (bzw. mindestens einem Richter je Mitgliedstaat beim EuG): 28. Die nur dem EuGH zugeteilten **acht Generalanwälte** sollen nach dem Vorbild des französischen ‚commissaire du gouvernement' *unparteiisch* und *unabhängig* dem Gerichtshof mit Gründen versehene *Schlussanträge unterbreiten* (Art. 252 AEUV).

EuGH-Richter und **Generalanwälte** müssen in ihrem Staat für die *höchsten richterlichen Ämter geeignet* oder *sonst Juristen von anerkannt hervorragender Befähigung* sein (Art. 253 Abs. 1 AEUV). Dagegen können die Stellen der **EuG-Richter** (Art. 254 Abs. 2 AEUV) und der **Mitglieder der Fachgerichte** nach Art. 257 AEUV (Art. 257 Abs. 4 AEUV) auch von Personen mit *Befähigung zur Ausübung hoher richterlicher Tätigkeiten* bekleidet werden. Generalanwälte als auch alle Richter müssen dabei *jede Gewähr für Unabhängigkeit* bieten.

Die **Richter** und **Generalanwälte** am EuGH (Art. 253 Abs. 1 Hs. 2 AEUV) und die **EuG-Richter** (Art. 254 Abs. 2 S. 2 AEUV) werden von den Regierungen der Mitgliedstaaten im gegenseitigen Einvernehmen auf *sechs Jahre* ernannt; Wiederwahl und Wiederernennung ausscheidender Mitglieder sind dabei in allen Fällen möglich.

2. Aufgaben des Gerichtshofes der Europäischen Union

EuGH und EuG haben bei der Auslegung und Anwendung des EU-Vertrages die Funktion der **Wahrung des Rechts** (Art. 19 Abs. 1 S. 2 EUV). Ihre Rechtsprechung soll die *einheitliche Auslegung* und *Anwendung des Unionsrechtes* gewährleisten.

a. Die Rollen des Gerichtshofes der Europäischen Union

Der Gerichtshof der Europäischen Union übernimmt dabei **unterschiedliche Rollen**, er ist zugleich

* *Verfassungsgericht,*
   > **Bsp.**: *Bei Organstreitigkeiten und Normenkontrollverfahren tritt der EuGH als Verfassungsrichter auf (EU-Vertrag als ‚Verfassung';).*

* *Verwaltungsgericht,*
   > **Bsp.**: *Werden EU-Rechtsakte vom Unionsbürger angefochten, so geschieht dies vor dem EuG als Verwaltungsgericht.*

* *Zivilgericht,*
   > **Bsp.**: *Der EuGH entscheidet über Schadensersatzklagen gegen die Union.*

* *Dienst- und Disziplinargericht* sowie
   > **Bsp.**: *Über Klagen von Unionsbeamten urteilt das Gericht für den öffentlichen Dienst als Fachgericht.*

* *Schiedsgericht.*
   > **Bsp.**: *Durch Schiedsklauseln in Verträgen der Union kommen auf den EuGH schiedsgerichtliche Aufgaben zu.*

b. Der Gerichtshof der Europäischen Union als ‚Motor der Integration'

Neben der Kommission gilt der Gerichtshof der Europäischen Union durch seine oft *weitgehende Rechtsprechung* als weiterer ‚**Motor der Integration**'.

Wegweisende Urteile des EuGH betrafen

> ➤ die *unmittelbare Anwendbarkeit* des *Unionsrechts*
> (‚van Gend & Loos' 1963)
> ➤ den *Vorrang* des *Unionsrechts* (‚Costa/ENEL' 1964)
> ➤ den *Schutz* der *Grundrechte* (‚Stauder' 1969) sowie
> ➤ die *Schadensersatzpflicht* der *Mitgliedstaaten wegen Verstoßes gegen Unionsrecht* (‚Francovich' 1991).

c. Die Kompetenzverteilung im Gerichtshof der Europäischen Union

Grundsätzlich ist das **EuG** im **ersten Rechtszug zuständig** (Art. 256 Abs. 1 S. 1 AEUV): Die Kompetenz des EuG umfasst vor allem die *Nichtigkeitsklage* (Art. 263 AEUV), die *Untätigkeitsklage* (Art. 265 AEUV) und die *Schadensersatzklage* (Art. 268 i.V.m. Art. 340 Abs. 2 AEUV). Strengen allerdings die *Mitgliedstaaten*, die *Unionsorgane* oder die *EZB* eine *Nichtigkeitsklage* oder eine *Untätigkeitsklage* an, so ist der **Gerichtshof zuständig** nach Art. 51 der Satzung des EuGH (EuGHS). Gegen Entscheidungen des EuG ist der EuGH Rechtsmittelinstanz Art. 256 Abs. 1 UAbs. 2 AEUV).

Dem EuG können nach Art. 257 Abs. 1 S. 1 AEUV **Fachgerichte** beigeordnet werden: Die Fachgerichte sind für Entscheidungen im **ersten Rechtszug** über **bestimmte Kategorien** von **Klagen** zuständig, die auf *besonderen Sachgebieten* erhoben werden. Rechtsmittelinstanz ist insoweit das EuG (Art. 257 Abs. 3 AEUV).

Bsp.: Gericht für den Öffentlichen Dienst.

3. Beschlussfassung im Gerichtshof der Europäischen Union

Entscheidungen von EuGH und EuG werden mit **einfacher Mehrheit** ihrer Mitglieder gefasst.

Übersicht 19: **Der Gerichtshof der Europäischen Union**

Aufgaben	• Wahrung des Rechts bei der Anwendung und Auslegung des Unionsrechts • Verfassungs-, Verwaltungs- und Zivilgericht • 2. ‚Motor der Integration' (dynamische Rechtsprechung)
Zusammensetzung	• EuGH: 28 Richter und 8 Generalanwälte • EuG: 28 Richter
Beschlussfassung	• einfache Mehrheit
Sitz	Luxemburg
Internet	http:// curia.europa.eu

VI. Die Europäische Zentralbank und der Rechnungshof

Im Rahmen der Wirtschafts- und Währungsunion bildet die **Europäische Zentralbank (EZB)** in Frankfurt zusammen mit den Zentralbanken der Mitgliedstaaten das Europäische System der Zentralbanken, Art. 282 Abs. 1 S. 1 AEUV. Die EZB *betreibt die Währungspolitik* der Union vor allem dadurch, dass sie die Ausgabe von EURO-Banknoten genehmigt (Art. 282 Abs. 3 S. 2 AEUV). Sie lässt sich dabei von der Preisstabilität leiten (Art. 282 Abs. 2 S. 2 AEUV).

Die EZB ist **vom Europäischen Stabilitätsmechanismus (ESM)** zu **unterscheiden**, einer internationalen Finanzinstitution der EURO-Staaten mit Sitz in Luxemburg. Seit dem 27. 9. 2012 *unterstützt* der ESM *angeschlagene EURO-Staaten finanziell* gegen wirtschaftliche Auflagen, wenn die Finanzstabilität der EURO-Zone gefährdet ist.

Der **Rechnungshof** (EuRH) ist nach Art. 285 Abs. 1 AEUV als *externes Organ der Finanzkontrolle* angelegt. Nach Art. 287 Abs. 1, Abs. 2 AEUV überprüft der EuRH alle Einnahmen und Ausgaben der Union auf ihre *Rechtmäßigkeit*, *Ordnungsmäßigkeit* und *Wirtschaftlichkeit* hin; er veröffentlicht dazu vor allem einen Jahresbericht, Art. 287 Abs. 4 AEUV.

B.Weitere Institutionen der Europäischen Union

Wirtschafts- und Sozialausschuss (Art. 301ff. AEUV) und **Ausschuss der Regionen** (Art. 305ff. AEUV) sind *beratende Organe*, welche die *Zivilgesellschaft* und die *Regionen* vertreten. Im Rechtssetzungsverfahren haben sie obligatorische und fakultative Anhörungsrechte. Die Verletzung dieser Rechte stellt einen Verfahrensmangel dar und kann mit einer Nichtigkeitsklage gemäß Art. 263 AEUV angegriffen werden.
Vgl. dazu Kapitel 9, B.

Die **Europäische Investitionsbank** *fördert* durch Kredite und Bürgschaften die *Finanzierung* von *Vorhaben*, die *für* die *Union von Bedeutung* sind, etwa die Erschließung von weniger entwickelten Gebieten (Art. 309 AEUV).

Außerdem gibt es eine Vielzahl kleinerer Einrichtungen, derer sich die Union zur Erfüllung ihrer Aufgaben bedient: **Ämter**, **Agenturen** und **Zentren**.
Vgl. dazu Übersicht 20 sowie Kapitel 7.

Übersicht 20: **Organe und Einrichtungen in der Europäischen Union**

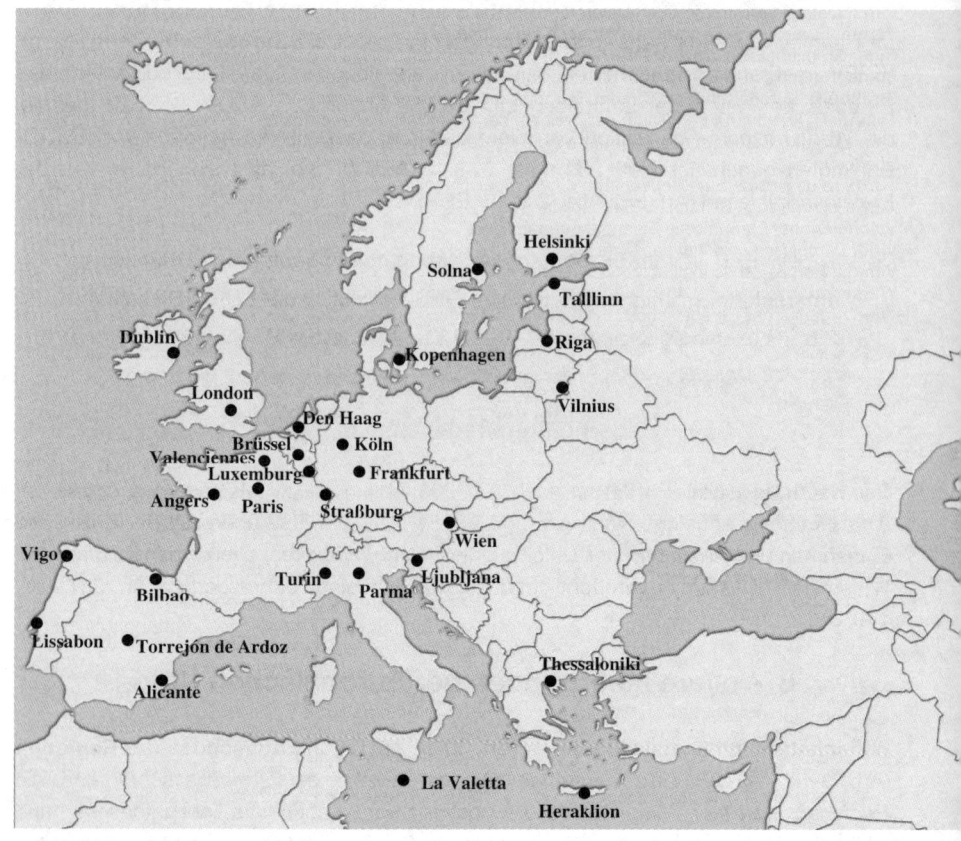

Alicante: Amt der Europäischen Union für die Eintragung von Marken und Geschmacksmustern (OHIM)
Angers: Gemeinschaftliches Sortenamt
Bilbao: Europäische Agentur für Sicherheit und Gesundheitsschutz am Arbeitsplatz
Bramshill House: Europäische Polizeiakademie
Brüssel: Europäische Kommission, Rat der Europäischen Union, Wirtschafts- und Sozialausschuss, Ausschuss der Regionen, Europäische Verteidigungsagentur, Europäischer Datenschutzbeauftragter, Europäisches Amt für Personalauswahl, Aufsichtsbehörde für das Europäische GNSS
Den Haag: Europäisches Polizeiamt, Europäisches Organ zur Stärkung der justiziellen Zusammenarbeit (EUROJUST)
Dublin: Europäische Stiftung zur Verbesserung der Lebens- und Arbeitsbedingungen
Frankfurt: Europäische Zentralbank, Europäische Aufsichtsbehörde für das Versicherungswesen und die betriebliche Altersversorgung
Helsinki: Europäische Chemikalienagentur
Heraklion: Europäische Agentur für Netz- und Informationssicherheit
Köln: Europäische Agentur für Flugsicherheit **Kopenhagen**: Europäische Umweltagentur
La Valetta: Europäisches Unterstützungsbüro für Asylfragen
Lissabon: Europäische Beobachtungsstelle für Drogen und Drogensucht, Europäische Agentur für die Sicherheit des Seeverkehrs
Ljubljana: Agentur für die Zusammenarbeit der Energieregulierungsbehörden
London: Europäische Arzneimittel-Agentur, Europäische Bankenaufsichtsbehörde

5. Kapitel

Luxemburg: Europäischer Gerichtshof, Europäischer Rechnungshof, Europäische Investitionsbank, Übersetzungszentrum, Europäischer Investitionsfonds, Amt für amtliche Veröffentlichungen
Paris: Institut der Europäischen Union für Sicherheitsstudien, Europäische Wertpapieraufsichtsbehörde
Parma: Europäische Behörde für Lebensmittelsicherheit
Riga: Gremium Europäischer Regulierungsstellen für elektronische Kommunikation
Solna: Europäisches Zentrum für die Prävention und die Kontrolle von Krankheiten
Straßburg: Europäisches Parlament, Europäischer Bürgerbeauftragter
Tallinn: IT-Agentur für den Raum der Freiheit, der Sicherheit und des Rechts
Thessaloniki: Europäisches Zentrum für die Förderung der Berufsbildung, Europäische Agentur für den Wiederaufbau
Torrejón de Ardoz: Satellitenzentrum der Europäischen Union
Turin: Europäische Stiftung für Berufsbildung
Valenciennes: Europäische Eisenbahnagentur
Vigo: Europäische Fischereiaufsichtsagentur
Vilnius: Europäisches Institut für Gleichstellungsfragen
Warschau: Europäische Agentur für die operative Zusammenarbeit an den Außengrenzen (FRONTEX)
Wien: Agentur der Europäischen Union für Grundrechte.

Wiederholungsfragen zum 5. Kapitel

1. Wie ist der institutionelle Rahmen der EU zusammengesetzt?

Der institutionelle Rahmen der Union umfasst die Unionsorgane und weitere Institutionen.

2. Welches sind die Organe der Europäischen Union?

Die Organe der Europäischen Union sind das Europäische Parlament, der Europäische Rat, der Rat, die Kommission, der Gerichtshof, die Europäische Zentralbank und der Rechnungshof.

3. Welche weiteren wichtigen Institutionen gibt es?

Wichtige Institutionen sind der Wirtschafts- und Sozialausschuss, der Ausschuss der Regionen sowie die Europäische Investitionsbank.

4. Wen vertritt das Europäische Parlament?

Das Europäische Parlament vertritt die Unionsbürger.

5. Welche Aufgaben hat das Europäische Parlament?

Das Europäische Parlament ist zusammen mit dem Rat Hauptrechtsetzungsorgan, spielt eine Rolle bei der Bestellung anderer Organe und kann Missstände im Unionsrecht untersuchen.

6. Wer ist im Rat vertreten?

Im Rat sind die Regierungen der Mitgliedstaaten vertreten.

7. Welche Aufgaben der Rat?

Der Rat ist zusammen mit dem Europäischen Parlament Hauptrechtsetzungsorgan, ernennt die wichtigsten Organe und kontrolliert auch die Kommission.

8. Wofür steht die Kommission?

Die Kommission verkörpert das Unionsinteresse durch ihre Mitglieder, die dem europäischen Gemeinwohl verpflichtet sind.

87

9. Welche Aufgaben hat die Kommission?

Die Kommission ist „Motor der Integration", Exekutive der Union, „Hüterin der Verträge" und vertritt die Union nach außen.

10. Welche Spruchkörper gehören zum Gerichtshof der Europäischen Union?

Der Gerichtshof der Europäischen Union besteht aus den selbständigen Spruchkörpern „Europäischer Gerichtshof" und „Europäisches Gericht", dem noch Fachgerichte beigeordnet werden können.

11. Was ist die Aufgabe von EuGH und EuG?

EuGH und EuG sichern die Wahrung des Rechts.

12. Welches ist die Aufgabe des Europäischen Rechnungshofes?

Der Europäische Rechnungshof überprüft die Finanzen der Union.

13. Welche Rolle spielt der Europäische Rat?

Der Europäische Rat ist das politische Leitorgan der Europäischen Union.

14. Wie ist der Europäische Rat zusammengesetzt?

Der Europäische Rat setzt sich aus den Staats- und Regierungschefs sowie dem Kommissionspräsidenten und dem Präsidenten des Europäischen Rates zusammen.

15. Worum handelt es sich beim Rat der Europäischen Union in der Zusammensetzung der Staats- und Regierungschefs?

Der Rat der EU in der Zusammensetzung der Staats- und Regierungschefs ist eine außerordentliche Konstellation des Rates und trifft wichtige Entscheidungen.

16. Was sind die im Rat vereinigten Vertreter der Mitgliedstaaten?

Die im Rat vereinigten Vertreter der Mitgliedstaaten sind eine Staatenkonferenz, die völkerrechtliche Beschlüsse fasst.

17. Welche Aufgaben hat der Europäische Rat?

Der Europäische Rat gibt die für die Entwicklung der Union erforderlichen Impulse, indem er allgemeine politischen Zielvorstellungen festlegt. Umstrittene Detailfragen klärt er durch politische Lösungen im Wege eines ‚Kuhhandels'.

18. Welche Aufgabe haben Wirtschafts- und Sozialausschuss und Ausschuss der Regionen?

Wirtschafts- und Sozialausschuss und Ausschuss der Regionen vertreten die Zivilgesellschaft und die Regionen im Rechtsetzungsverfahren.

19. Welche Aufgabe hat die Europäische Zentralbank?

Die EZB koordiniert die Währungspolitik der Union.

20. Welche Aufgabe hat die Europäische Investitionsbank?

Die Europäische Investitionsbank fördert die Finanzierung unionswichtiger Vorhaben.

6. Kapitel
Die Setzung von Unionsrecht

Unionsrecht wird von den Mitgliedstaaten und den Unionsorganen gesetzt. Durch die *Mitgliedstaaten* als *„Herren der Verträge"* kommt **primäres Unionsrecht** zustande. Auf der *Grundlage der Verträge* erlassen die *Unionsorgane* **sekundäres Unionsrecht**.

A. Die Setzung von primärem Unionsrecht

Primäres Unionsrecht kann durch Vertragsänderung oder durch Vertragsergänzung gesetzt werden.

I. Die Vertragsänderung

Nach Art. 48 EUV erfolgen Vertragsänderungen grundsätzlich im Konventsverfahren (ordentliches Änderungsverfahren). Bei geringfügigen Änderungen kann der Europäische Rat allerdings mit einfacher Mehrheit nach Zustimmung des Parlaments auf die Einberufung des Konvents verzichten. Änderungen der internen Politikbereiche der Union sowie Verfahrensänderungen kann der Europäische Rat im Wege des vereinfachten Änderungsverfahren einstimmig beschließen.

1. Das ordentliche Änderungsverfahren

Das ordentliche Änderungsverfahren nach Art. 48 Abs. 1 S. 1, Abs. 2-5 EUV basiert auf dem Konventsverfahren, das der **Europäische Konvent** für den Entwurf des EVV angewendet hat. Der Europäische Konvent unter dem Vorsitz von *Valéry Giscard d'Estaing* sollte durch seine Zusammensetzung die Beteiligung aller maßgebenden gesellschaftlichen und politischen Kräfte an der Verfassungsdebatte sicherstellen. So waren erstmals neben *Vertretern des Europäischen Parlaments* auch Vertreter der *nationalen Parlamente* offiziell im Vertragsänderungsverfahren vertreten.

Valéry **Giscard d'Estaing**, geboren 1926 in Koblenz. Französischer Präsident von 1974 bis 1980. 1974 „Erfinder" des Europäischen Rats. Als Vorsitzender des Europäischen Konvents von 2002 bis 2003 maßgeblicher Einfluss auf den Entwurf des EVV.

Das ordentliche Änderungsverfahren läuft in vier Schritten ab:

1. Zunächst legt die Regierung eines *Mitgliedstaates*, das *Parlament* oder die *Kommission* dem Rat einen **Änderungsentwurf** vor (Art. 48 Abs. 2 S. 1 EUV). Der Rat ist zwar formal nicht berechtigt, einen Änderungsentwurf vorzulegen, kann aber über die Regierung eines Mitgliedstaates oder die Kommission eine Vertragsänderung politisch anregen. Den Änderungsentwurf muss der Rat dem Europäischen Rat übermitteln und den nationalen Parlamenten zur Kenntnis bringen (Art. 48 Abs. 2 S. 3 EUV). Außerdem müssen das Parlament und die Kommission zum Änderungsentwurf angehört werden (Art. 48 Abs. 3 S. 1 EUV), bei institutionellen Änderungen im Währungsbereich auch die EZB (Art. 48 Abs. 3 UAbs. 1 S. 2 EUV).

2. Auf einfachen Mehrheitsbeschluss des Europäischen Rates hin beruft dessen Präsident den **Konvent** ein (Art. 48 Abs. 3 S. 1 EUV). Dieser setzt sich zusammen aus Vertretern der nationalen Parlamente, der Staats- und Regierungschefs der Mitgliedstaaten, des Parlaments und der Kommission. Der Konvent prüft den Änderungsentwurf und nimmt im Konsens eine Empfehlung für eine Regierungskonferenz an (Art. 48 Abs. 3 UAbs. 1 S. 3 EUV). Bei nur geringfügigen Vertragsänderungen kann der Europäische Rat durch einfachen Mehrheitsbeschluss darauf verzichten, den Konvent einzuberufen, wenn das Parlament dem zustimmt (Art. 48 Abs. 3 UAbs. 2 S. 1 EUV). Der Europäische Rat legt dann selbst das Verhandlungsmandat für eine Regierungskonferenz fest (Art. 48 Abs. 3 UAbs. 2 S. 2 EUV).

3. Die **Regierungskonferenz** ruft der Präsident des Europäischen Rates gemäß Art. 48 Abs. 4 UAbs. 1 EUV ein, damit die Vertragsänderungen vereinbart werden können.

4. Damit die Vertragsänderungen in Kraft treten können, müssen alle Mitgliedstaaten den Änderungsvertrag **ratifizieren** (Art. 48 Abs. 4 UAbs. 2 EUV). Dies geschieht *nach den jeweiligen verfassungsrechtlichen Vorschriften der Mitgliedstaaten.*

> ***Bsp.**: In manchen Mitgliedstaaten reicht die Annahme durch das Parlament aus (Deutschland), während in anderen eine Volksabstimmung im Ermessen liegt (Frankreich) oder gar zwingend vorgeschrieben ist (Irland).*

2. Die vereinfachten Änderungsverfahren

Art. 48 Abs. 1 S. 2, Abs. 6-7 EUV erlaubt Vertragsänderungen im Wege **vereinfachter Änderung**sverfahren. Zum einen können gemäß Art. 48 Abs. 1 S. 2, Abs. 6 EUV *interne Unionspolitiken* einfacher geändert werden. Zum anderen sieht Art. 48 Abs. 1 S. 2, Abs. 7 EUV die vereinfachte Änderung bestimmter *Verfahrensregeln* vor.

Beim Verfahren nach Art. 48 Abs. 1 S. 2, Abs. 6 UAbs. 1 EUV werden die Änderungsentwürfe bezüglich **interner Unionspolitiken** dem Europäischen Rat vorgelegt. Den Änderungsentwurf kann der Europäische Rat nur einstimmig annehmen, nachdem er das Parlament, die Kommission und – bei institutionellen Änderungen im Währungsbereich – die EZB angehört hat (Art. 48 Abs. 1 S. 2, Abs. 6 UAbs. 2 S. 1, 2 EUV). Als Kompetenzschranke bestimmt Art. 48 Abs. 1 S. 2, Abs. 6 UAbs. 3 EUV, dass der Europäische Rat durch seinen Beschluss nicht die Unionskompetenzen ausdehnen darf. Wie im ordentlichen Änderungsverfahren bedarf es der Zustimmung der Mitgliedstaaten im Einklang den jeweiligen verfassungsrechtlichen Vorschriften, damit die Vertragsänderungen in Kraft treten können (Art. 48 Abs. 1 S. 2, Abs. 6 UAbs. 2 S. 3 EUV). In Deutschland erfordert dies im Anschluss an das ‚Lissabon'-Urteil des BVerfG ein Gesetz gemäß Art. 23 Abs. 1 S. 2 GG.

Das Verfahren nach Art. 48 Abs. 1 S. 2, Abs. 7 EUV erlaubt in den in den Verträgen vorgesehenen Fällen den **Übergang** vom Einstimmigkeitserfordernis zur Abstimmung mit *qualifizierter Mehrheit* (UAbs. 1) sowie den Übergang von besonderen Gesetzgebungsverfahren zum *ordentlichen Gesetzgebungsverfahren* (UAbs. 2). Lehnt ein nationales Parlament dies innerhalb von sechs Monaten ab, so darf der Europäische Rat den entsprechenden Übergang nicht beschließen (Art. 48 Abs. 1 S. 2, Abs. 7 UAbs. 3 EUV). Anderenfalls muss der Europäische Rat seinen Beschluss einstimmig fällen, nachdem das Parlament dem mit der Mehrheit seiner Mitglieder zugestimmt hat (Art. 48 Abs. 1 S. 2, Abs. 7 UAbs. 4 EUV).

II. Die Vertragsergänzung

Für Regelungen, bei denen ein konstanter Änderungsbedarf bei Vertragsschluss absehbar war, sieht der AEUV die Möglichkeit einer **Vertragsergänzung** durch *einstimmigen Ratsbeschluss* vor. Das gilt vor allem für organisationsrechtliche Vertragsbestimmungen sowie für Tarifregelungen.

Bsp.: Art. 252 Abs. 1 S. 2 AEUV (Zahl der Generalanwälte beim EuGH); Art. 31 AEUV (Gemeinsamer Zolltarif).

91

Übersicht 21: **Die Vertragsänderung, Art. 48 EUV**

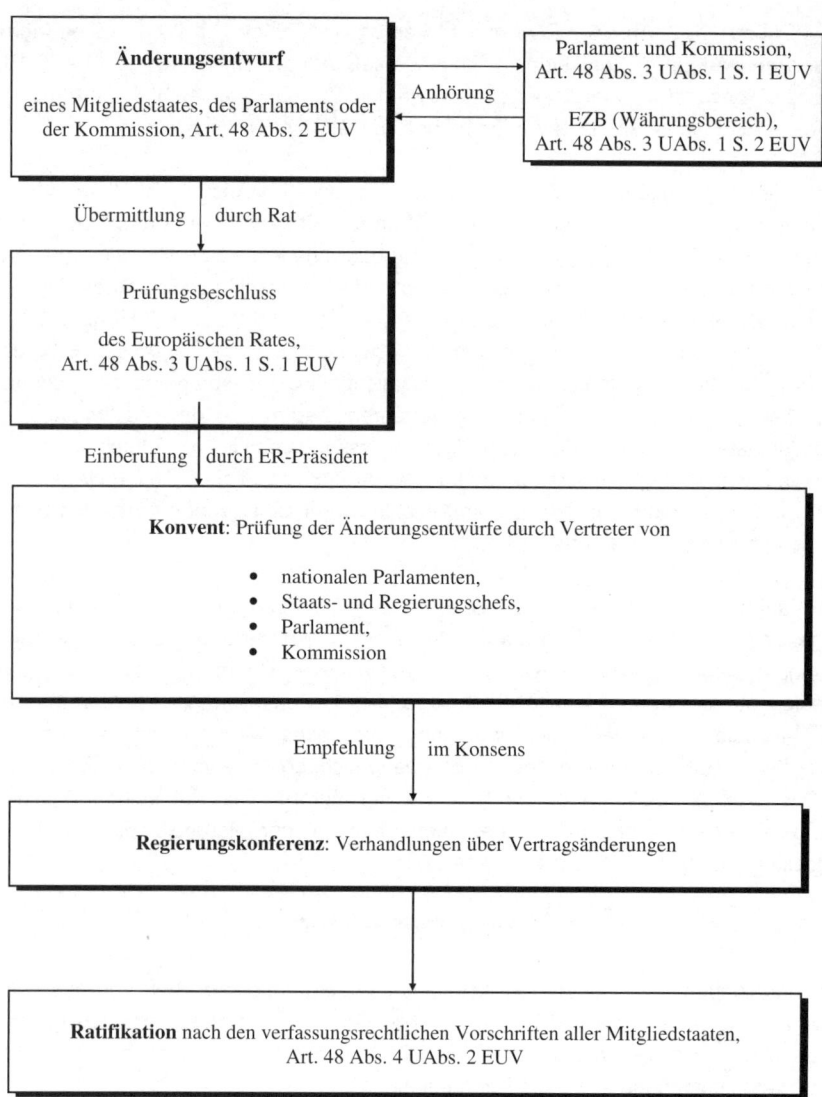

Änderungsentwurf

eines Mitgliedstaates, des Parlaments oder
der Kommission, Art. 48 Abs. 2 EUV

Anhörung →

Parlament und Kommission,
Art. 48 Abs. 3 UAbs. 1 S. 1 EUV

EZB (Währungsbereich),
Art. 48 Abs. 3 UAbs. 1 S. 2 EUV

Übermittlung | durch Rat

Prüfungsbeschluss

des Europäischen Rates,
Art. 48 Abs. 3 UAbs. 1 S. 1 EUV

Einberufung | durch ER-Präsident

Konvent: Prüfung der Änderungsentwürfe durch Vertreter von

- nationalen Parlamenten,
- Staats- und Regierungschefs,
- Parlament,
- Kommission

Empfehlung | im Konsens

Regierungskonferenz: Verhandlungen über Vertragsänderungen

Ratifikation nach den verfassungsrechtlichen Vorschriften aller Mitgliedstaaten,
Art. 48 Abs. 4 UAbs. 2 EUV

B. Die Setzung von sekundärem Unionsrecht

Auf der Grundlage des EUV und des AEUV erlassen die Unionsorgane **sekundäres Unionsrecht**. Um **wirksam** zu sein, muss dieses *formell* und *materiell rechtmäßig* sein.

I. Die formelle Rechtmäßigkeit von sekundärem Unionsrecht

Ein Unionsrechtsakt ist dann **formell rechtmäßig**, wenn er von dem *zuständigen Organ* im einschlägigen *Verfahren form*gerecht erlassen wurde.

1. Die Zuständigkeit

Im Rahmen der Zuständigkeit sind die vertikale sowie die horizontale Kompetenzverteilung zu prüfen. Dazu muss zunächst geklärt werden, ob die **Verbandskompetenz** bei den *Mitgliedstaaten oder* bei der *Union* liegt. Im letzteren Fall ist für die **Organkompetenz** zu prüfen, welches *Unionsorgan* für den Erlass des Rechtsaktes zuständig ist.

a. Die Verbandskompetenz

Die Union besitzt nicht die allgemeine Zuständigkeit (Kompetenz-Kompetenz); sie kann daher grundsätzlich nur dann einen Rechtsakt erlassen, wenn das *Unionsrecht* sie dazu *ausdrücklich ermächtigt* (Art. 5 Abs. 2 S. 1 EUV). Der **Grundsatz** der **begrenzten Einzelermächtigung** stellt den Regelfall der Verbandskompetenz der Union dar. Bei der expliziten Rechtsetzungskompetenz muss die Union dann in der jeweils vorgeschriebenen Rechtsform handeln, außer ihr ist die Wahl überlassen.

Bsp.: Verordnung, Richtlinie oder Beschluss; bei „Maßnahmen" oder „Tätigwerden" ist die Wahl der Rechtsform frei.

Die *Union* kann aber *implizit zuständig* sein in *Bereichen*, die *notwendigerweise mitgeregelt* werden. Die Bedeutung der ,**implied powers' - Lehre** liegt vor allem im Abschluss völkerrechtliche Verträge durch die Union. Der EuGH hat der Union die Außenkompetenz für jene Bereiche zugestanden, in denen ihr durch die Verträge die entsprechende Innenkompetenz zusteht (**„Parallelität von Außen- und Innenkompetenzen"**).

EuGH ,AETR' 1970
Ein völkerrechtlicher Vertrag sollte für Europa die Arbeit der Fahrzeugbesatzungen regeln, die im internationalen Straßenverkehr tätig waren. Darüber war es zwischen Rat und Kommission zu einem Streit über die Zuständigkeit gekommen: Während der Rat die Mitgliedstaaten für zuständig hielt, sah die Kommission die ausschließliche Kompetenz für den Vertragsabschluss bei der Union liegen. Da die zu regelnde Frage den grenzüberschreitenden Verkehr betraf und damit nach Art. 91 AEUV in die ausschließliche Kompetenz der Union fiel, war auch die Union ausschließlich für den Abschluss dieses völkerrechtlichen Vertrages zuständig.

Vorrang vor der ‚implied powers'-Lehre hat indes Art. 352 AEUV. Gemäß dieser **Kompetenzergänzungsvorschrift** kann der Rat einen Rechtsakt auch dann erlassen, wenn der AEUV keine entsprechende Kompetenznorm bereithält. Damit sollten *Befugnislücken geschlossen* werden, die im Laufe der Fortentwicklung der Union unweigerlich auftreten würden. Art. 352 AEUV setzt voraus, dass eine Maßnahme zur Verwirklichung eines etwa in Art. 3 EUV genannten *Unionszieles erforderlich* erscheint. Der Rückgriff auf Art. 352 AEUV unterliegt dabei dem *Subsidiaritätsprinzip* (Art. 5 Abs. 3 AEUV). Grundlegende institutionelle Änderungen dürfen über Art. 352 AEUV nicht herbeigeführt werden.

Bsp.: *EMRK-Beitritt (EuGH ‚EMRK' 1996).*

Die **Kompetenzverteilung** zwischen Union und Mitgliedstaaten regelt Art. 2 AEUV. Danach ist hauptsächlich zu unterscheiden zwischen ausschließlicher und geteilter Zuständigkeit.

Bei der **ausschließlichen** Zuständigkeit der Union ist es den *Mitgliedstaaten verwehrt, in diesen Bereichen tätig* zu werden, außer sie werden dazu ermächtigt (Art. 2 Abs. 1 AEUV). Zur ausschließlichen Zuständigkeit zählen nach Art. 3 Abs. 1 AEUV: die *Zollunion,* die *Wettbewerbspolitik,* die *Währungspolitik der Euro-Länder,* die *Erhaltung der biologischen Meeresschätze im Rahmen der gemeinsamen Fischereipolitik* sowie *die gemeinsame Handelspolitik.*

Bei **geteilte**r Zuständigkeit zwischen Union und Mitgliedstaaten ist ein *Mitgliedstaat nur so lange zuständig,* wie die *Union keinen Rechtsakt erlassen* hat (Art. 2 Abs. 2 AEUV).

Bsp.: *Agrarpolitik (Art. 32ff. AEUV); Umweltpolitik (Art. 174ff. AEUV).*

Allerdings hat die Union bei geteilter Zuständigkeit das Subsidiaritätsprinzip zu beachten. Nach Art. 5 Abs. 2 AEUV darf die Union nämlich nur tätig werden, wenn das durch den Rechtsakt angestrebte Ziel besser auf der Unionsebene als auf der Ebene der Mitgliedstaaten erreicht werden kann. Nach Art. 5 Abs. 3 UAbs. 2 S. 1 EUV **wenden** die **Organe** der Union das **Subsidiaritätsprinzip** nach dem entsprechenden Protokoll an. Art. 8 des Protokolls sieht bei einem **Verstoß gegen** das **Subsidiaritätsprinzip** erstmals vor, dass ein Mitgliedstaat, ein nationales Parlament oder der Ausschuss der Regionen eine **Nichtigkeitsklage** vor dem EuGH erheben kann

b. Die Organkompetenz

Das für den Erlass eines Rechtsaktes **zuständige Unionsorgan** wird *durch* die *einschlägige Kompetenznorm bestimmt.*

> **Bsp.**: *Im Bereich des europäischen Umweltsteuerrechts erlässt der Rat die Rechtsakte (Art. 192 Abs. 2 lit. a) AEUV).*

Übersicht 22: **Die Rechtssetzungskompetenzen**

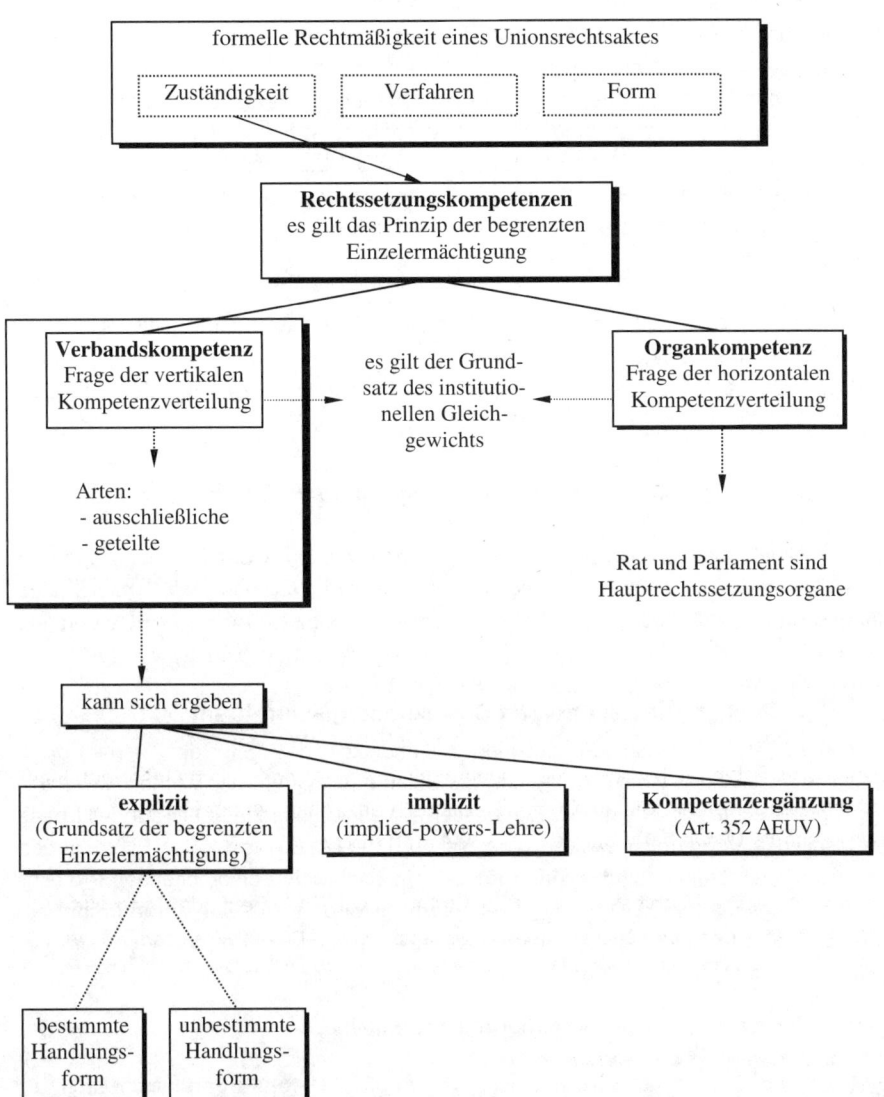

formelle Rechtmäßigkeit eines Unionsrechtsaktes

| Zuständigkeit | Verfahren | Form |

Rechtssetzungskompetenzen
es gilt das Prinzip der begrenzten
Einzelermächtigung

Verbandskompetenz
Frage der vertikalen
Kompetenzverteilung

es gilt der Grund-
satz des institutio-
nellen Gleich-
gewichts

Organkompetenz
Frage der horizontalen
Kompetenzverteilung

Arten:
- ausschließliche
- geteilte

Rat und Parlament sind
Hauptrechtssetzungsorgane

kann sich ergeben

explizit
(Grundsatz der begrenzten
Einzelermächtigung)

implizit
(implied-powers-Lehre)

Kompetenzergänzung
(Art. 352 AEUV)

bestimmte
Handlungs-
form

unbestimmte
Handlungs-
form

2. Die Verfahren

Sekundäres Unionsrecht kann in einem Gesetzgebungsverfahren oder in sonstigen Rechtsetzungsverfahren entstehen. **Wesentliche Aspekte** eines Bereichs sind durch ein *Gesetzgebungsverfahren* zu regeln (Art. 290 Abs. 1 UAbs. 2 S. 2 AEUV); die in einem solchen Verfahren zustande gekommenen Rechtsakte bezeichnet der Art. 289 Abs. 3 AEUV als Gesetzgebungsakte. Bei **nicht wesentlichen Aspekten** kann der Kommission gemäß Art. 290 Abs. 1 UAbs. 1 AEUV die Rechtsetzungsbefugnis für sogenannte *delegierte Rechtsakte* übertragen werden. Darüber hinaus können sogenannte Durchführungsrechtsakte in einem Verfahren gemäß Art. 291 Abs. 2 AEUV erlassen werden.

Nach welchem Verfahren eine unionsrechtliche Norm erlassen wird, richtet sich nach der gewählten Ermächtigungsgrundlage.

Bsp.: *Nach Art. 46 AEUV erlassen Parlament und Rat Verordnungen und Richtlinien gemäß dem ordentlichen Gesetzgebungsverfahren.*

a. Das ordentliche Gesetzgebungsverfahren

In der Regel kommen Unionsrechtsakte im ordentlichen Gesetzgebungsverfahren zustande, welches in der *gemeinsamen Annahme* des Rechtsakts *durch Parlament* und *Rat* besteht (Art. 289 Abs. 1 AEUV). Der Verfahrensablauf ist in Art. 294 AEUV geregelt (siehe Übersicht 23).

b. Die besonderen Gesetzgebungsverfahren

Nur in bestimmten vertraglich vorgesehenen Fällen werden besondere Gesetzgebungsverfahren angewendet. Sie zeichnen sich dadurch aus, dass bei der Rechtsetzung das jeweils *andere Organ beteiligt* wird (Art. 289 Abs. 2 AEUV).

So kommen einige Rechtsakte nur mit **Zustimmung** von Parlament oder Rat zustande.

Bsp.: *Zustimmung des Parlaments bei der Bekämpfung von Diskriminierungen (Art. 19 Abs. 1 EUV); Zustimmung des Rates beim Abgeordnetenstatus (Art. 223 Abs. 2 AEUV).*

Andere Rechtsakte erfordern die **Anhörung** des Parlaments.

Bsp.: *Europäisches Umweltsteuerrecht (Art. 192 Abs. 2 lit. a) AEUV).*

Die Verletzung des Anhörungsrechts führt zur Nichtigkeit des Rechtsaktes (EuGH ,Roquette Frères' 1980).

Übersicht 23: **Das ordentliche Gesetzgebungsverfahren (Art. 294 AEUV), vereinfacht**

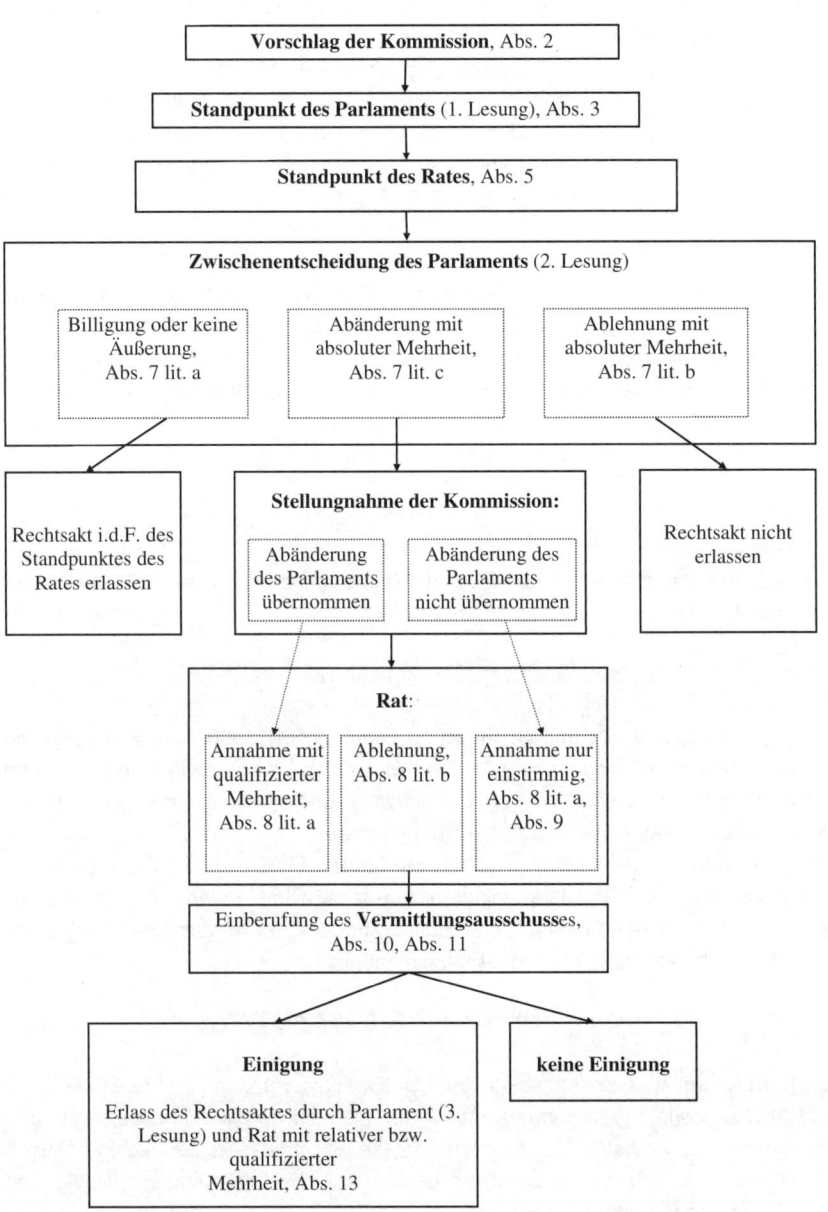

Vorschlag der Kommission, Abs. 2

Standpunkt des Parlaments (1. Lesung), Abs. 3

Standpunkt des Rates, Abs. 5

Zwischenentscheidung des Parlaments (2. Lesung)

| Billigung oder keine Äußerung, Abs. 7 lit. a | Abänderung mit absoluter Mehrheit, Abs. 7 lit. c | Ablehnung mit absoluter Mehrheit, Abs. 7 lit. b |

Rechtsakt i.d.F. des Standpunktes des Rates erlassen

Stellungnahme der Kommission:

| Abänderung des Parlaments übernommen | Abänderung des Parlaments nicht übernommen |

Rechtsakt nicht erlassen

Rat:

| Annahme mit qualifizierter Mehrheit, Abs. 8 lit. a | Ablehnung, Abs. 8 lit. b | Annahme nur einstimmig, Abs. 8 lit. a, Abs. 9 |

Einberufung des **Vermittlungsausschuss**es, Abs. 10, Abs. 11

Einigung

keine Einigung

Erlass des Rechtsaktes durch Parlament (3. Lesung) und Rat mit relativer bzw. qualifizierter Mehrheit, Abs. 13

c. Die Verfahren für delegierte Rechtsakte und Durchführungsrechtsakte

Bei den **delegierten Rechtsakten** handelt es sich um Rechtsakte ohne Gesetzescharakter mit allgemeiner Geltung zur *Ergänzung* oder *Änderung* bestimmter *nicht wesentlicher Vorschriften* eines Gesetzgebungsaktes (Art. 290 Abs. 1 UAbs. 1 AEUV). Die Übertragung der Rechtsetzungskompetenz für diese Rechtsakte auf die *Kommission* erfolgt im betreffenden Gesetzgebungsakt, der auch Ziele, Inhalt, Geltungsbereich, Dauer sowie Bedingungen der Befugnisübertragung ausdrücklich festgelegt (Art. 290 Abs. 1 UAbs. 1 S. 1, Abs. 2 AEUV).

Der *Kommission* und ausnahmsweise dem *Rat* können gemäß Art. 291 Abs. 2 AEUV die Befugnis für den Erlass von **Durchführungsrechtsakten** übertragen werden, wenn es *einheitlicher Bedingungen* für die Durchführung verbindlicher Rechtsakte bedarf. Werden die Durchführungsbefugnisse auf die Kommission übertragen, so obliegt deren Kontrolle den Mitgliedstaaten nach einem noch festzulegenden Verfahren (Art. 291 Abs. 3 AEUV). Das bisherige im ,Komitologie'-Beschluss niedergelegte Verfahren bietet sich insofern zur Orientierung an (siehe dazu auch Kapitel 5, A.IV.2.b).

3. Form

Formvorschriften sind in Art. 296 AEUV zur *Begründung* und in Art. 297 AEUV zur *Veröffentlichung* des Rechtsaktes zu finden.

a. Begründung, Art. 296 Abs. 2 AEUV

Verbindliche Rechtsakte sind mit **Gründen** zu versehen (Art. 296 Abs. 2 AEUV). Die Gründe müssen die *wichtigsten rechtlichen* und *tatsächlichen Erwägungen* erkennen lassen; insbesondere hinsichtlich von Subsidiarität und Verhältnismäßigkeit (Art. 5 Protokoll Subsidiarität/Verhältnismäßigkeit). Genannt werden muss auch die *Ermächtigungsnorm* (EuGH ,APS I' 1987); ihr Fehlen führt allerdings nur dann zur Nichtigkeit, wenn sich die Rechtsgrundlage nicht aus den Umständen ermitteln lässt. Ist die Begründung anderweitig fehlerhaft, führt dies nur bei einer wesentlichen Verletzung zur Nichtigkeit, d.h. wenn ein inhaltlicher Mangel möglich erscheint.

b. Veröffentlichung, Art. 297 AEUV

Zu **veröffentlichen** sind Im Amtsblatt der EU: *Gesetzgebungsakte* (Art. 297 Abs. 1 UAbs. 3 AEUV) sowie *Verordnungen, Richtlinien*, die sich *an alle Mitgliedstaaten*, und *Beschlüsse*, die sich an *keinen bestimmten Adressaten* richten (Art. 297 Abs. 2 UAbs. 2 AEUV). Andere Richtlinien und Beschlüsse sind nicht veröffentlichungspflichtig und werden allein durch Bekanntgabe wirksam.

II. Die materielle Rechtmäßigkeit von sekundärem Unionsrecht

Ein Sekundärrechtsakt ist materiell rechtmäßig, wenn die Ermächtigungsnorm ordnungsgemäß angewendet wurde und kein Verstoß gegen höherrangiges Recht vorliegt.

1. Ordnungsgemäße Anwendung der Ermächtigungsnorm

Kommen mehrere Ermächtigungsnormen in Betracht, so ist zunächst zu klären, welche der betreffenden Normen einschlägig ist; dann ist zu prüfen, ob die Voraussetzungen für die Anwendung der betreffenden Ermächtigungsnorm auch vorliegen.

Bsp.: Prüfung von Unionsziel und Subsidiarität (Art. 352 AEUV).

2. Fehlender Verstoß gegen höherrangiges Unionsrecht

Die erlassene Unionsnorm darf nicht gegen höherrangiges Unionsrecht verstoßen.

Bsp.: Grundrechtecharta; Verhältnismäßigkeitsgrundsatz, Art. 5 Abs. 4 AEUV.

III. Folgen der Unrechtmäßigkeit von sekundärem Unionsrecht

Unrechtmäßige, also fehlerhafte Unionsrechtsakte sind nicht von vornherein ungültig. Dazu hat der EuGH („BASF' 1994) festgestellt,

> „dass für die **Rechtsakte** der Unionsorgane **grundsätzlich** die Vermutung der **Gültigkeit** spricht und sie daher **selbst** dann, **wenn** sie **fehlerhaft** sind, **Rechtswirkungen** entfalten, **solange** sie **nicht aufgehoben** oder **zurückgenommen** werden."

Ganz ausnahmsweise soll ein Unionsrechtsakt rechtlich inexistent sein, also nicht einmal vorläufige Rechtswirkung entfaltet haben, wenn dieser Rechtsakt offenkundig mit einem Fehler behaftet ist, der von der Unionsrechtsordnung nicht mehr hinnehmbar ist.

Bsp.: Die Begründung eines Beschlusses verbessert den Rechtsschutz des Betroffenen; ihr Fehlen führt dazu, dass der Beschluss aus rechtlicher Sicht nicht existiert.

Ansonsten ist der Weg über die Nichtigkeitsklage nach Art. 263 AEUV eröffnet, um einen fehlerhaften Unionsrechtsakt anzugreifen.

Übersicht 24: **Die Rechtmäßigkeit eines Unionsrechtsaktes**

1. **Formelle Rechtmäßigkeit**

   a) Zuständigkeit: Verbandskompetenz; Organkompetenz

   b) Verfahren: Gesetzgebungsverfahren/Delegationsverfahren/

   Durchführungsverfahren

   c) Form: Begründung; Veröffentlichung

2. **Materielle Rechtmäßigkeit**

   a) ordnungsgemäße Anwendung der Ermächtigungsnorm

   b) kein Verstoß gegen höherrangiges Recht

Wiederholungsfragen zum 6. Kapitel

1. Wie läuft das ordentliche Vertragsänderungsverfahren ab?

Nach Anhörung betroffener Organe zum Änderungsentwurfes beschließt der Europäische Rat die Entwurfsprüfung und lässt den Konvent einberufen, der eine Empfehlung für eine Regierungskonferenz abgibt, an deren Ende die Ratifikation des neuen Vertrages durch die Mitgliedstaaten steht.

2. Was versteht man unter Verbandskompetenz?

Mit Verbandskompetenz wird der zuständige Verband bezeichnet, also Union oder Mitgliedstaat.

3. Was versteht man unter Organkompetenz?

Mit der Organkompetenz wird das zuständige Organ bezeichnet.

4. Was besagt der Grundsatz der begrenzten Einzelermächtigung?

Die EU darf grundsätzlich einen Rechtsakt nur dann erlassen, wenn das Unionsrecht sie dazu ausdrücklich ermächtigt.

5. Was sagt die implied-powers-Lehre aus?

Mangels einer ausdrücklichen Ermächtigung ist die EU dennoch für jene Bereiche zuständig, die notwendigerweise mitgeregelt werden.

6. Welche Anwendung hat die implied-powers-Lehre beim Abschluss völkerrechtlicher Verträge erfahren?

Die EU verfügt über die Außenkompetenz in den Bereichen, wo ihr die Verträge die Innenkompetenz zugestehen („Parallelität von Außen- und Innenkompetenzen").

7. Welche Funktion hat Art. 352 AEUV?

Art. 352 AEUV ist eine Kompetenzergänzungsnorm.

8. Welche Grenze hat Art. 352 AEUV?

Grundlegende institutionelle Änderungen können nicht auf Art. 352 AEUV gestützt werden.

9. Welche Zuständigkeiten der EU gibt es?

Es gibt hauptsächlich ausschließliche sowie geteilte Zuständigkeiten der EU.

10. Welche Rechtsetzungsverfahren gibt es?

Unionsrecht kann in Gesetzgebungsverfahren sowie in Delegations- und Durchführungsverfahren gesetzt werden.

11. Welche Formvorschriften sind zu beachten?

Formvorschriften betreffen die Begründung und die Veröffentlichung des Unionsaktes.

12. Welche Auswirkungen hat ein fehlerhafter Unionsakt?

Grundsätzlich ist ein fehlerhafter Unionsakt wirksam, bis er aufgehoben oder zurückgenommen wird, es sei denn, der Fehler kann nicht vom Unionsrecht hingenommen werden.

7. Kapitel
Der Vollzug des Unionsrechts

Das Unionsrecht wird einerseits durch die Europäischen Union, andererseits durch die Mitgliedstaaten vollzogen. Dabei stellt der *Vollzug* des Unionsrechts *durch* die *Europäische Union* die **Ausnahme**, der *mitgliedstaatliche Vollzug* des Unionsrechts die **Regel** dar.

A. Der Vollzug des Unionsrechts durch die Europäische Union

Der Vollzug des Unionsrechts durch die Europäische Union erfolgt über die Unionsorgane. Während der **unionsinterne Vollzug** die *Eigenverwaltung der Union* betrifft,

> *Bsp.: Personal.*

wird die Union beim **unionsexternen Vollzug** gegenüber den *Mitgliedstaaten* und *Einzelnen* tätig.

> *Bsp.:* Wettbewerbsrecht (Art. 105, Art. 106 Abs. 3 AEUV); Beihilfenrecht (Art. 108 AEUV); Verwaltung des Europäischen Sozialfonds (Art. 162 AEUV).

I. Die Verwaltungsorganisation im Vollzug durch die Union

Beim Vollzug durch die Europäische Union ist die Verwaltung unionsrechtlich organisiert. Der **unionsinterne Vollzug** erfolgt dabei durch die *betreffenden Unionsorgane*, der unionsexterne Vollzug hauptsächlich durch die *Kommission*. Außerdem sind mit dem **unionsexternen Vollzug** noch *Verwaltungsstellen* befaßt, die teilweise über eigene Rechtspersönlichkeit und Entscheidungsbefugnisse verfügen.

> *Bsp.:* Harmonisierungsamt für den Binnenmarkt (HABM); Europäische Umweltagentur; Europäische Agentur für den Wiederaufbau.
> (Siehe auch Kapitel 5, B.: Übersicht 20).

II. Das Verwaltungshandeln im Vollzug durch die Union

Im Vollzug durch die Europäische Union handelt die Union in der **Regel** in Form eines *Beschlusses*. Maßgeblich sind dabei zunächst die primärrechtlichen Bestimmungen über die
- Begründungspflicht (Art. 296 AEUV),
- Veröffentlichung und Inkrafttreten (Art. 297 AEUV) und
- Vollstreckung (Art. 299 AEUV).

Das sekundäre Unionsrecht enthält weitere Regelungen, die teilweise gebietsübergreifend gelten.

> *Bsp.*: *EWG-Verordnung 1182/71 zur Festlegung der Regeln für Fristen, Daten und Terminen.*

Verbleibende Lücken hat der EuGH durch die Anwendung allgemeiner Rechtsgrundsätze geschlossen.

> *Bsp.*: *Gesetzmäßigkeit der Verwaltung und Vertrauensschutz ('Alpha Steel' 1982); Anspruch auf rechtliches Gehör ('Hoffmann-Laroche' 1979).*

B. Der Vollzug des Unionsrechts durch die Mitgliedstaaten

Der mitgliedstaatliche Vollzug des Unionsrechts erfolgt durch Organe der Mitgliedstaaten. Die **mitgliedstaatliche Vollzugspflicht** ergibt sich dabei nach Art. 4 Abs. 3 S. 2 EUV aus dem *Grundsatz der Unionstreue.*

I. Die Verwaltungsorganisation im mitgliedstaatlichen Vollzug

Der mitgliedstaatliche Vollzug des Unionsrechts stützt sich auf die **bestehende Verwaltungsorganisation** der Mitgliedstaaten. Dabei wird der mitgliedstaatliche Verwaltungsaufbau grundsätzlich nicht berührt. Auf der anderen Seite kann die mitgliedstaatliche Kompetenzverteilung aber nicht zur Begründung von Vollzugsdefiziten herangezogen werden.

> *Bsp.*: *Die BRD kann den Verstoß gegen die Feinstaub-Richtlinie nicht dadurch entschuldigen, dass das jeweilige Bundesland die Grenzwerte überschreiten ließ.*

Hat etwa die BRD durch ein Ausführungsgesetz eine Richtlinie umgesetzt, so führen nach Art. 83 GG grundsätzlich die Bundesländer die Ausführungsgesetze als nationales Recht aus. Allerdings hat der Bund im Bereich des Unionsrechts nach Art. 87 Abs. 3 GG selbständige Oberbehörden geschaffen.

> *Bsp.*: *Bundesanstalt für Landwirtschaft und Ernährung.*

Bei unmittelbar anwendbarem Unionsrecht ist Art. 83 GG entsprechend anzuwenden, da es sich bei den Verordnungen und Beschlüssen nicht um Bundesrecht handelt.

II. Das Verwaltungshandeln im mitgliedstaatlichen Vollzug

Das Verwaltungshandeln richtet sich im mitgliedstaatlichen Vollzug regelmäßig nach nationalem Recht.

> In **Deutschland** sind anwendbar das **Verwaltungsverfahrensgesetz** (VwVfG) des Bundes sowie die **Landesverfahrensgesetze**, in **Österreich** das **allgemeine Verwaltungsverfahrensgesetz**.

Denn beim Vollzug von unmittelbar anwendbarem Unionsrecht ist auf mitgliedstaatliches Verwaltungsrecht zurückzugreifen,

> „**soweit** das [**Unions**]**recht** einschließlich der allgemeinen [unions]rechtlichen Grundsätze hierfür **keine gemeinsamen Vorschriften enthält**.“

Gemeinsame verwaltungsrechtliche Vorschriften finden sich jedoch lediglich in einigen Bereichen, die in besonderem Maße dem Unionsrecht unterliegen.

Bsp.: Zollrecht; Agrarrecht.

Fehlen gemeinsame Verwaltungsrechtsbestimmungen, so gilt das nationale Verwaltungsrecht gleichwohl nicht unbeschränkt. Vielmehr dürfen *unionsrechtliche Sachverhalte* im Vergleich zu rein nationalen Sachverhalten dabei *nicht schlechter gestellt* sein (**Diskriminierungsverbot**). Außerdem darf die Anwendung des nationalen Verwaltungsrechts *nicht* dazu führen, dass die unionsrechtliche Regelung nur *schwer* oder *gar nicht* mehr *verwirklicht* werden kann (**Effizienzgebot**); erfordert eine nationale Vorschrift die Abwägung zwischen öffentlichem Interesse und privatem Interesse, so muss das **Unionsinteresse voll berücksichtigt** werden.

> **EuGH ‚Deutsche Milchkontor' 1983**
> Dem Unternehmen Deutsche Milchkontor wurden zunächst EU-Beihilfen von der zuständigen deutschen Behörde bewilligt. Die Behörde hob dann jedoch den Bewilligungsbescheid auf, da die Beihilfen unionsrechtswidrig ausbezahlt worden seien, und forderte die Beihilfen zurück. Dagegen wehrte sich das Unternehmen: die Voraussetzungen einer Rückforderung nach § 48 VwVfG seien nicht erfüllt. Der EuGH entschied, dass nationales Verwaltungsrecht zwar mangels unionsrechtlicher Bestimmungen anzuwenden sei, jedoch nur innerhalb der Grenzen des Unionsrechts (Diskriminierungsgebot, Effizienzgebot).

> **EuGH ‚Alcan' 1997**
> Die Kommission entschied, dass eine staatliche Beihilfe für das Unternehmen Alcan unionsrechtswidrig war, doch weder Alcan noch die deutsche Regierung fochten die Rückforderung der Beihilfe an. Als die deutschen Behörden die Beihilfen schließlich zurückforderten, klagte das Unternehmen gegen den Rückzahlungsbescheid und berief sich unter anderem auf den Vertrauensschutz: Die Beihilfe habe nach Verstreichen der nationalen Rücknahmefrist nicht mehr zurückgenommen werden dürfen. Da aber die zuständige nationale Behörde die nationale Ausschlussfrist für die Rücknahme verstreichen ließ, war sie verpflichtet, den Bewilligungsbescheid zurückzunehmen, obwohl das nationale Recht die Rücknahme ausschloss.

C. Grundfall zum mitgliedstaatlichen Vollzug des Unionsrechts

Das Unternehmen Reissdorf Kölsch erhielt EU-Beihilfen für die Einfuhr von holländischem Hopfen. Da die Einfuhr des Hopfens nicht den Anforderungen der maßgeblichen Beihilfenverordnung entsprach, war die zuständige deutsche Behörde verpflichtet, die gezahlten Beihilfen zurückzufordern. Für die Reissdorf Kölsch war die Mangelhaftigkeit des Hopfens jedoch nicht erkennbar, so dass sie sich auf den Vertrauensschutz beruft. Gegen die Rücknahme des Bewilligungsbescheides führt das Unternehmen an, dass die Voraussetzungen einer Rücknahme nach § 48 VwVfG nicht erfüllt seien.
Ist die Rücknahme des Bewilligungsbescheides rechtmäßig?

Auszug aus § 48 VwVfG:
„(1) Ein rechtswidriger Verwaltungsakt kann, auch nachdem er unanfechtbar geworden ist, ganz oder teilweise mit Wirkung für die Zukunft oder für die Vergangenheit zurückgenommen werden. Ein Verwaltungsakt, der ein Recht oder einen rechtlich erheblichen Vorteil begründet oder bestätigt hat (begünstigender Verwaltungsakt), darf nur unter den Einschränkungen der Absätze 2 bis 4 zurückgenommen werden.
(2) Ein rechtswidriger Verwaltungsakt, der eine einmalige oder laufende Geldleistung oder teilbare Sachleistung gewährt oder hierfür Voraussetzung ist, darf nicht zurückgenommen werden, soweit der Begünstigte auf den Bestand des Verwaltungsakts vertraut hat und sein Vertrauen unter Abwägung mit dem öffentlichen Interesse an einer Rücknahme schutzwürdig ist. Das Vertrauen ist in der Regel schutzwürdig, wenn der Begünstigte gewährte Leistungen verbraucht oder eine Vermögensdisposition getroffen hat, die er nicht mehr oder nur unter unzumutbaren Nachteilen rückgängig machen kann. Auf Vertrauen kann sich der Begünstigte nicht berufen, wenn er
1. den Verwaltungsakt durch arglistige Täuschung, Drohung oder Bestechung erwirkt hat;
2. den Verwaltungsakt durch Angaben erwirkt hat, die in wesentlicher Beziehung unrichtig oder unvollständig waren;
3. die Rechtswidrigkeit des Verwaltungsakts kannte oder infolge grober Fahrlässigkeit nicht kannte."

Zu prüfen ist, ob die Rücknahme des Bewilligungsbescheides rechtmäßig ist.

1. Die Rücknahme des Bewilligungsbescheides könnte nach § 48 Abs. 1 S. 2 VwVfG ausgeschlossen sein. Danach darf ein begünstigender Verwaltungsakt nur unter den Einschränkungen von § 48 Abs. 2 bis 4 VwVfG zurückgenommen werden. Nach § 48 Abs. 2 S. 1 VwVfG darf ein begünstigender Verwaltungsakt, der eine Geldleistung gewährt, nicht zurückgenommen werden, soweit der Begünstigte auf den Bestand des Verwaltungsaktes vertraut hat und sein Vertrauen unter Abwägung mit dem öffentlichen Interesse an einer Rücknahme schutzwürdig ist. Schutzwürdig ist das Vertrauen nach § 48 Abs. 2 in der Regel dann, wenn der Begünstigte die gewährten Leistungen verbraucht hat. Der Bewilligungsbescheid ist insofern ein begünstigender Verwaltungsakt, der eine Geldleistung gewährt, als die Reissdorf Kölsch dadurch Beihilfen für den Kauf von Hopfen erhielt. Das Geld ist ausgegeben, so dass das Unternehmen ein schutzwürdiges Vertrauen genießt. Da die Reissdorf Kölsch die Mangelhaftigkeit des Hopfens nicht kannte und auch nicht kennen musste, kann sie sich auf Vertrauensschutz berufen.

2. § 48 Abs. 1 S. 2 VwVfG könnte hier aber aufgrund von Unionsrecht nicht anwendbar sein. In Anwendung des Art. 4 Abs. 3 S. 2 EUV sind die Mitgliedstaaten dazu angehalten, Unionsrecht durchzuführen. Nur soweit das Unionsrecht einschließlich der allgemeinen unionsrechtlichen Grundsätze keine gemeinsamen Bestimmungen enthält, dürfen die Mitgliedstaaten bei der Durchführung des Unionsrecht auf ihre verwaltungsrechtlichen Vorschriften zurückgreifen. Da eine unionsrechtliche Vorschrift zur Rücknahme des Bewilligungsbescheides nicht ersichtlich ist, ist hier § 48 VwVfG grundsätzlich anwendbar.

3. Die Anwendung von nationalem Verwaltungsrecht erfolgt allerdings unter dem Vorbehalt des Effizienzgebotes. Danach darf es nicht dazu kommen, dass die Wirksamkeit des Unionsrechts beeinträchtigt wird. Dies würde eintreten, wenn die Wiedereinziehung von unrechtmäßig gezahlten Beihilfen praktisch unmöglich gemacht würde. Da die nationalen Behörden zur Wiedereinziehung verpflichtet sind, würde die Ausübung des in § 48 Abs. 1 S. 1 VwVfG eingeräumten Ermessens dem Effizienzgebot zuwiderlaufen. Daher ist hier das Ermessen auf Null reduziert, so dass die Beihilfe grundsätzlich zurückgefordert werden muss.

4. Fraglich ist, ob nicht die Grundsätze von Vertrauensschutz und Rechtssicherheit anwendbar sind. Da diese Grundsätze Bestandteil des Unionsrechts sind, können sie auch im nationalen Recht angewendet werden. Allerdings muss dabei das Interesse der Union voll berücksichtigt werden. Hier ist nicht ersichtlich, dass durch die Beihilfe eine Wettbewerbsverzerrung entstanden ist. Das Unionsinteresse steht der Gewährung von Vertrauensschutz also nicht entgegen.

5. Damit erfolgte die Rücknahme des Bewilligungsbescheides zu Unrecht.

Wiederholungsfragen zum 7. Kapitel

1. Wie wird das Unionsrecht vollzogen?

Das Unionsrecht wird durch die Europäische Union und durch die Mitgliedstaaten vollzogen.

2. Welche Vollzugsart stellt die Regel dar?

Der mitgliedstaatliche Vollzug des Unionsrecht stellt die Regel dar, der Vollzug des Unionsrecht durch die Union bildet die Ausnahme.

3. Woraus ergibt sich die Pflicht der Mitgliedstaaten, Unionsrecht zu vollziehen?

Die mitgliedstaatliche Vollzugspflicht bezüglich des Unionsrecht ergibt sich nach Art. 4 Abs. 3 S. 2 AEUV aus dem Grundsatz der Unionstreue.

4. Welche Normen wenden die Mitgliedstaaten beim Vollzug von unmittelbar anwendbarem Unionsrecht an?

Beim Vollzug von unmittelbar anwendbarem Unionsrecht wenden die Mitgliedstaaten ihre verwaltungsrechtlichen Vorschriften an.

5. Wann dürfen nationale Verwaltungsrechtsvorschriften beim mitgliedstaatlichen Vollzug angewendet werden?

Nationale Verwaltungsrechtsvorschriften dürfen im mitgliedstaatlichen Vollzug angewendet werden, wenn das Unionsrecht hierfür keine gemeinsamen Vorschriften enthält.

6. Welche Grundsätze sind bei der Anwendung nationalen Verwaltungsrechts im mitgliedstaatlichen Vollzug zu beachten?

Zu beachten sind bei der Anwendung nationalen Verwaltungsrechts im mitgliedstaatlichen Vollzug das Effizienzgebot und das Äquivalenzgebot.

7. Was besagt das Effizienzgebot?

Die Anwendung des nationalen Rechts darf nicht dazu führen, dass die unionsrechtliche Regelung nur schwer oder gar nicht mehr verwirklicht werden kann.

8. Was besagt das Äquivalenzgebot?

Die Anwendung des nationalen Rechts darf nicht dazu führen, dass unionsrechtliche Sachverhalte im Vergleich zu rein nationalen Sachverhalten schlechter gestellt sind.

8. Kapitel
Die Haftung im Unionsrecht

Auf der Grundlage des Unionsrechts **haftet** die **Europäische Union** für das *Fehlverhalten* ihrer *Organe* und die **Mitgliedstaaten** für *eigenes Fehlverhalten.*

A. Die unionsrechtliche Haftung der Europäischen Union

Vertragliche Grundlage der unionsrechtlichen Haftung der Europäischen Union ist **Art. 340 AEUV.** Dabei ist zwischen *vertraglicher Haftung* nach Art. 340 Abs. 1 AEUV und *außervertraglicher Haftung* nach Art. 340 Abs. 2 AEUV zu unterscheiden.

I. Die vertragliche Haftung der Europäischen Union

Die Europäische Union steht für die ordnungsgemäße Erfüllung der mit ihr geschlossenen Verträge ein.

> **Bsp.**: *Die EU schließt mit einem belgischen Bürobedarfshändler einen Kaufvertrag über Bleistifte; zwischen einer österreichischen Behörde und der EU kommt ein Verwaltungsvertrag zustande.*

Ansonsten haftet sie nach Art. 340 Abs. 1 AEUV, der auf das **Recht, das auf den betreffenden Vertrag anwendbar ist,** verweist. Dieses wird *durch das Kollisionsrecht ermittelt, das* das jeweilige *nationale Gericht anwendet.* Dessen Zuständigkeit ergibt sich aus Art. 274 AEUV, wonach die einzelstaatlichen Gerichte zuständig sind, soweit keine EuGH-Kompetenz besteht. Ausnahmsweise kann der EuGH nach Art. 272 AEUV durch eine Schiedsabrede für Streitigkeiten über Verträge zuständig sein.

II. Die außervertragliche Haftung der Europäischen Union

Nach Art. 340 Abs. 2 AEUV ersetzt die Europäische Union im Bereich der **außervertraglichen Haftung** den *Schaden*, den ihre *Organe oder Bediensteten* in Ausübung ihrer *Amtstätigkeit* verursachen. Voraussetzungen und Umfang des Schadensersatzanspruches richten sich dabei nach den allgemeinen Rechtsgrundsätzen, die den Rechtsordnungen der Mitgliedstaaten gemeinsam sind. Der Anspruch ist im Rahmen der Schadensersatzklage nach Art. 256 Abs. 1, 268 i.V.m Art. 340 Abs. 2 AEUV vor dem EuG geltend zu machen.

B. Die unionsrechtliche Haftung der Mitgliedstaaten

Im Unterschied zur unionsrechtlichen Haftung der Europäischen Union nach Art. 340 AEUV ist die **unionsrechtliche Haftung** der **Mitgliedstaaten** *in den Verträgen nicht ausdrücklich geregelt.*

I. Die Begründung des unionsrechtlichen Staatshaftungsanspruches

Angesichts dieser Rechtsschutzlücke leitete der EuGH aus

> ➤ dem Grundsatz des *,effet utile',*
> ➤ der *Treuepflicht* der Mitgliedstaaten aus *Art. 4 Abs. 3 S. 2 AEUV* und
> ➤ der *Parallele* zur *Haftung der Union* nach *Art. 340 Abs. 2 AEUV*

einen **eigenständigen**, im Unionsrecht wurzelnden **Staatshaftungsanspruch** her. Ansonsten wäre nämlich

> „die **volle Wirksamkeit** der **[unions]rechtlichen Bestimmungen** [...] **beeinträchtigt** und der **Schutz** der **durch sie begründeten Rechte gemindert**, wenn der **einzelne nicht die Möglichkeit** hätte, für den Fall eine **Entschädigung** zu **erlangen**, daß **seine Rechte durch** einen **Verstoß gegen** das **[Unions]recht verletzt** werden, der einem **Mitgliedstaat zuzurechnen** ist."

> *EuGH ,Francovich' 1991*
> Der italienische Arbeitnehmer Francovich betrieb wegen seiner Lohnforderungen erfolglos die Zwangsvollstreckung gegen den zahlungsunfähigen Arbeitgeber. Die Richtlinie über den Schutz der Arbeitnehmer bei Zahlungsunfähigkeit des Arbeitgebers sah in diesen Fällen die Errichtung von Garantieeinrichtungen vor. Die Form und die Finanzierung der Garantieeinrichtungen blieb dabei den Mitgliedstaaten überlassen, so dass die Richtlinie nicht unmittelbar angewendet werden konnte. Francovich stand gegen Italien ein Anspruch auf Schadensersatz zu, da die Richtlinie nicht fristgemäß umgesetzt wurde.

II. Die Voraussetzungen des unionsrechtlichen Staatshaftungsanspruches

Der unionsrechtliche Staatshaftungsanspruch setzt voraus, dass ein *Mitgliedstaat* gegen eine *individualschützende Unionsrechtsnorm verstößt,* dieser *Verstoß hinreichend qualifiziert* ist und dadurch *unmittelbar ein Schaden verursacht* wird.

1. Mitgliedstaatlicher Verstoß gegen eine individualschützende Unionsnorm

Zunächst muss eine **individualschützende Unionsnorm** betroffen sein, d.h. eine Norm des primären oder sekundären Unionsrechts, die dem *Einzelnen* ein *Recht verleihen soll.* Es genügt, dass das betreffende Recht erst künftig verliehen wird.

> **Bsp.**: *Eine Richtlinie, die darauf gerichtet ist, erst nach ihrer Umsetzung Rechte des Einzelnen zu begründen, kann eine individualschützende Unionsnorm sein.*

Der mitgliedstaatliche **Verstoß** kann durch das *Verhalten aller Staatsgewalten* erfolgen. Während die Haftung für das Fehlverhalten der *Verwaltung* sowohl in Deutschland (§ 839 BGB i.V.m. Art. 34 GG) als auch in Österreich (Art. 23 B-VG, AHG) seit langem anerkannt ist, war die Haftung für *legislatives* Unrecht (EuGH ‚Francovich' 1991) und für unionsrechtswidrige *Rechtsprechung* (EuGH ‚Köbler' 2003) vorher nicht anerkannt.

2. Hinreichend qualifizierter Verstoß gegen eine Unionsnorm

Weiterhin verlangt der EuGH einen **hinreichend qualifizierten Verstoß** gegen eine Unionsnorm, damit der Verwaltung und dem Gesetzgeber in den Mitgliedstaaten der Gestaltungsspielraum nicht durch Schadensersatzansprüche beschnitten wird. Verfügt ein Mitgliedstaat über Gestaltungsspielraum zum Vollzug oder zur Umsetzung des Unionsrechts, so liegt ein solcher Verstoß vor, wenn der Mitgliedstaat seine Befugnisse *offenkundig* und *erheblich überschritten* hat. Das ist der Fall, wenn

> ➤ ein Mitgliedstaat trotz eines konkreten Urteils oder einschlägiger Rechtsprechung des EuGH weiterhin gegen Unionsrecht verstößt,
>
> > **Bsp.**: *Der britische Gesetzgeber hatte seine Befugnisse nicht offenkundig und erheblich überschritten, als er eine ungenau gefassten Richtlinienbestimmung zwar falsch, aber noch vertretbar umsetzte; zudem gab es keine einschlägige Rechtsprechung (EuGH ‚British Telecommunications' 1996).*
>
> ➤ eine Richtlinie zu spät oder nicht ordnungsgemäß umgesetzt wird.
>
> > **Bsp.**: *Die BRD hat offenkundig und erheblich ihre Befugnisse überschritten, als sie die Pauschalreiserichtlinie nicht umsetzte (EuGH ‚Dillenkofer' 1996).*

Verfügt ein Mitgliedstaat dagegen nur über einen geringen Gestaltungsspielraum, so stellt schon eine *Verletzung* des *Unionsrechts* einen hinreichend qualifizierten Verstoß dar.

> **Bsp.**: *Eine Ausfuhrgenehmigung hätte auf Grund von Harmonisierungsrichtlinien quasi automatisch erteilt werden müssen, wird aber verweigert (EuGH ‚Hedley Lomas' 1996).*

Ob ein hinreichend qualifizierter Verstoß vorliegt, ist nach folgenden **Gesichtspunkten** zu **beurteilen**:

- die *Klarheit* und *Genauigkeit* der verletzten *Unionsnorm*,
- *Vorsatz* bezüglich des Unionsrechtsverstoßes,
- die *Entschuldbarkeit* eines etwaigen *Rechtsirrtums* sowie
- der mögliche *Beitrag* eines *Unionsorgans* zur Rechtsverletzung.

> **EuGH ‚Brasserie du Pêcheur' 1996**
> Nach dem deutschen Biersteuergesetz war es untersagt, Bier, das in anderen Mitgliedstaaten rechtmäßig hergestellt wurde, in Deutschland unter der Bezeichnung ‚Bier' in Verkehr zu bringen, wenn es nicht dem deutschen Reinheitsgebot entsprach; unter anderer Bezeichnung durfte es in Verkehr gebracht werden. Nachdem die BRD wegen Verstoßes gegen Art. 34 AEUV durch das Biersteuergesetz verurteilt wurde, verlangte die elsässische Brauerei ‚Brasserie du Pêcheur' von der BRD den Schaden ersetzt, der ihr durch die Einfuhrbeschränkungen entstanden war. Da der Verstoß angesichts einschlägiger Rechtsprechung offenkundig war, war der Verstoß auch hinreichend qualifiziert.

Bei Unionsrechtsverstößen durch nationale letztinstanzliche Gerichte ist ebenfalls ein **hinreichend qualifizierter Verstoß** erforderlich. Dazu ist neben den eben genannten Gesichtspunkten auch die Verletzung der Vorlagepflicht nach Art. 267 Abs. 3 AEUV durch das nationale Gericht zu berücksichtigen (vgl. Kapitel 9, D.I.3.b.). Auf Grund der Unabhängigkeit der Gerichte und der Rechtskraft ihrer Urteile ist ein Verstoß ausnahmsweise nur dann hinreichend qualifiziert, wenn das *Gericht offenkundig gegen das geltende Recht verstoßen hat*. Entsprechend den Unionsrechtsverstößen durch Verwaltung und Gesetzgeber ist das der Fall, wenn das nationale Gericht die einschlägige Rechtsprechung des EuGH verkennt.

> **EuGH ‚Köbler' 2003**
> Dem deutschen Jura-Professor Köbler wurde in Österreich eine Dienstalterszulage verweigert, da er nicht ausschließlich im dortigen Inland tätig gewesen sei. Hiergegen erhob er Klage, die schließlich vor den österreichischen Verwaltungsgerichtshof (VwGH) gelangte. Nachdem der VwGH anfänglich das Verfahren dem EuGH vorgelegt hatte, zog er sein Vorabentscheidungsersuchen zurück und wies Köblers Klage als unbegründet zurück. Daraufhin klagte Köbler wegen Verletzung von Unionsrecht und verlangte Ersatz des aus diesem Urteil entstandenen Schadens. Die Vorlagefragen des von Köbler angerufenen Gerichtes beantwortete der EuGH dahingehend, dass der unionsrechtliche Staatshaftungsanspruch auch auf Unionsrechtsverstöße von Gerichten anwendbar sei. Da der Gegenstand der Dienstzulage unionsrechtlich nicht ausdrücklich geregelt und auch in der Rechtsprechung des EuGH noch nicht behandelt worden sei, läge allerdings kein offenkundiger Verstoß, und damit kein hinreichend qualifizierter Verstoß vor.

3. Kausalzusammenhang zwischen Verstoß und Schaden

Schließlich muss ein **Schaden** vorliegen, der unmittelbar durch den **Verstoß** verursacht wurde.

III. Durchsetzung des unionsrechtlichen Staatshaftungsanspruches

Der unionsrechtliche Staatshaftungsanspruch wird vor den nationalen Gerichten im Rahmen des nationalen Staatshaftungsrechts durchgesetzt. Es darf dabei aber *weder* die *praktische Wirksamkeit* des *Unionsrechts beeinträchtigt* (**Effizienzgebot**)

> *Bsp.: Eine nationale Regelung, wonach nur ausnahmsweise für den Verstoß eines Gesetzes gegen höherrangiges Recht gehaftet wird, verstößt gegen das Effizienzgebot (EuGH ‚Brasserie du Pêcheur' 1996).*

noch ein *ungünstigerer Haftungsmaßstab als* im *nationalen Recht* angelegt werden (**Diskriminierungsverbot**).

> *Bsp.: Eine nationale Regelung, wonach eine Ausschlussfrist für unionsrechtlich begründete Ansprüche deutlich kürzer ist als für vergleichbare nationale Ansprüche, verstößt gegen das Diskriminierungsverbot (EuGH ‚Palmisani' 1997).*

Umstritten ist jedoch das **Verhältnis** zwischen **unionsrechtlichem Staatshaftungsanspruch** und **nationalem Staatshaftungsrecht**. Es wird vertreten

➢ die *ausschließliche Anwendung* des *nationalen Staatshaftungsrechts*, das allerdings *unionsrechtskonform ausgelegt* werden muss,

➢ die *parallele Anwendung* von *unionsrechtlichem Staatshaftungsanspruch* und *Ansprüchen des nationalen Haftungsrechts* sowie

➢ die *ausschließliche Anwendung* des *unionsrechtlichen Staatshaftungsanspruch* bei *fehlenden nationalen Regelungen*.

Während der BGH in Deutschland den unionsrechtlichen Staatshaftungsanspruch parallel zum Amtshaftungsanspruch nach § 839 BGB i.V.m. Art. 34 GG prüft, wendet der OGH in Österreich bei Ansprüchen gegen die Verwaltung das AHG analog bei unionsrechtskonformer Auslegung an und stützt sich für die Haftung der Legislative mangels nationaler Regelungen ausschließlich auf den unionsrechtlichen Staatshaftungsanspruch.

Der **Haftungsadressat** wird ebenfalls durch das nationale Recht bestimmt, allerdings darf sich ein Mitgliedstaat nicht durch Verweis auf die interne Rechtsordnung der Haftung entziehen. Er hat dann subsidiär zu haften gegenüber der staatlichen Stelle, die den Unionsrechtsverstoß begangen hat.

> **EuGH ‚Konle' 1999**
> Dem Deutschen Konle wurde auf Grund eines Tiroler Gesetzes der Grundstückserwerb verweigert; er verklagte daher Österreich wegen des Landesgesetzes auf Schadensersatz. Im Vorlageverfahren entschied der EuGH, dass ein bundesstaatlich aufgebauter Mitgliedstaat sich nicht der Haftung entziehen dürfe, indem er „auf die Aufteilung der Zuständigkeit und der Haftung auf Körperschaften verweist, die nach seiner Rechtsordnung bestehen".

Übersicht 25: **Der unionsrechtliche Staatshaftungsanspruch**

1. **Mitgliedstaatlicher Verstoß gegen individualschützende Norm**

   a) individualschützende Norm:

   Norm *soll* dem Einzelnen Rechte verleihen

   b) mitgliedstaatlicher Verstoß:

   Verhalten *aller* Staatsgewalten

2. **Hinreichend qualifizierter Verstoß gegen Unionsnorm**

   - bei Gestaltungsspielraum:

   offenkundige und erhebliche Kompetenzüberschreitung

   - ohne Gestaltungsspielraum:

   durch Unionsrechtsverletzung indiziert

3. **Kausalzusammenhang zwischen Verstoß und Schaden**

IV. Grundfall zum unionsrechtlichen Staatshaftungsanspruch

Nach der E-Commerce-Richtlinie steht Verbrauchern ein Widerrufsrecht auch noch nach Vertragsschluss zu. Deutschland möchte die Umsetzung der Richtlinie im Rahmen einer ‚großen Lösung' in das BGB inkorporieren, hat aber die Umsetzung noch nicht abgeschlossen. Verbraucher V bestellt beim Internet-Buchhändler Nilos den letzten Harry Potter-Band. Bald bereut V jedoch seine Bestellung, da ihm durch die suchtartige Lektüre schlaflose Nächte bevorstünden. Daher widerruft er seine Bestellung. Nilos lehnt den Widerruf jedoch ab, da nach seiner Ansicht V ein Widerrufsrecht nach Vertragsschluss aus deutschem Recht nicht zustehe. Das trifft zu; außerdem ist die Richtlinie auch nicht unmittelbar anwendbar.

Steht V ein unionsrechtlicher Staatshaftungsanspruch gegen Deutschland zu?

V könnte gegen Deutschland einen unionsrechtlichen Staatshaftungsanspruch auf Ersatz des Schadens haben, der ihm durch den verwehrten Widerruf entstanden ist.

1. Zunächst müsste Deutschland gegen eine individualschützende Unionsnorm verstoßen haben. Eine Unionsnorm ist individualschützend, wenn durch sie dem Einzelnen ein Recht verliehen werden soll. Die E-Commerce-Richtlinie dient dem Verbraucherschutz, sie verleiht also dem Verbraucher Rechte. Durch die unterlassene Umsetzung hat Deutschland mit der Richtlinie i.V.m. Art. 288 Abs. 3 AEUV gegen eine individualschützende Unionsnorm verstoßen.

2. Weiterhin muss es sich dabei um einen hinreichend qualifizierten Unionsrechtsverstoß handeln. Der EuGH nimmt einen hinreichend qualifizierten Unionsrechtsverstoß an, wenn ein Mitgliedstaat seine Rechtssetzungsbefugnisse offenkundig und erheblich überschritten hat. Anhaltspunkte sind dabei das Maß an Klarheit und Genauigkeit der verletzten Norm, Vorsatz bezüglich Verletzung und Schaden, Unentschuldbarkeit eines etwaigen Rechtsirrtums und der mögliche Beitrag eines EU-Organs zur Rechtsverletzung. Das Bestreben, die Umsetzung der E-Commerce-Richtlinie im Rahmen einer ‚großen Lösung' in das BGB zu inkorporieren, kann die fehlende Umsetzung der Richtlinie nicht rechtfertigen. Dieser Verstoß gegen das Unionsrecht war auch vorsätzlich. Damit hat Deutschland seine Verpflichtung zur Umsetzung der E-Commerce-Richtlinie verletzt. Ein hinreichend qualifizierter Verstoß liegt also vor.

3. Dem V ist auch ein Schaden entstanden, der auf der fehlenden Umsetzung der Richtlinie beruht.

4. Damit hat V gegen die Bundesrepublik Deutschland einen unionsrechtlichen Staatshaftungsanspruch.

Wiederholungsfragen zum 8. Kapitel

1. Wer kann für Verstöße gegen das Unionsrecht haften?

Die EU haftet für das Fehlverhalten ihrer Organe und die Mitgliedstaaten für eigenes Fehlverhalten.

2. Was ist Rechtsgrundlage für die unionsrechtliche Haftung der Europäischen Union?

Vertragliche Grundlage der unionsrechtlichen Haftung der EU ist Art. 340 AEUV.

3. Wie wird der Anspruch unionsrechtliche Haftung der Mitgliedstaaten hergeleitet?

Der EuGH hat den unionsrechtlichen Staatshaftungsanspruch aus dem Grundsatz des ‚effet utile', der Treuepflicht der Mitgliedstaaten aus Art. 4 Abs. 3 S. 2 AEUV sowie der Parallele zur Haftung der Union nach Art. 340 Abs. 2 AEUV hergeleitet.

4. Wie wird die unionsrechtliche Haftung der Mitgliedstaaten umgesetzt?

Der unionsrechtliche Staatshaftungsanspruch ist vor den nationalen Gerichten geltend zu machen, die Folgen des verursachten Schadens im Rahmen des nationalen Haftungsrechts zu beheben.

5. Welchen Einschränkungen unterliegt die Anwendung des nationalen Haftungsrechts bei der unionsrechtlichen Haftung der Mitgliedstaaten?

Die Anwendung nationalen Haftungsrechts darf die praktische Wirksamkeit des Unionsrechts nicht beeinträchtigen (Effizienzgebot) und nicht zu einem ungünstigeren Haftungsmaßstab als im nationalen Recht führen (Diskriminierungsverbot).

6. Was setzt der unionsrechtliche Staatshaftungsanspruch voraus?

Der unionsrechtliche Staatshaftungsanspruch setzt voraus, dass ein Mitgliedstaat gegen eine individualschützende Unionsrechtsnorm verstoßen hat, dieser Verstoß hinreichend qualifiziert ist und dadurch unmittelbar ein Schaden verursacht wird.

7. Von wem muss der Verstoß gegen die Unionsnorm ausgehen?

Der Verstoß gegen die Unionsnorm kann durch jedes staatliche Handeln erfolgen, also durch Exekutive, Legislative oder Judikative.

8. Wann liegt ein hinreichend qualifizierter Verstoß vor?

Der Mitgliedstaat muss seine Befugnisse offenkundig und erheblich überschritten haben. Als Anhaltspunkte gilt das Maß an Klarheit und Genauigkeit der verletzten Norm, Vorsatz bezüglich Verletzung und Schaden, Unentschuldbarkeit eines etwaigen Rechtsirrtums und der mögliche Beitrag eines EU-Organs zur Rechtsverletzung.

9. Wann ist der Verstoß eines Gerichts gegen das Unionsrecht hinreichend qualifiziert?

Ein Verstoß ist nur dann hinreichend qualifiziert, wenn das Gericht offenkundig gegen das geltende Unionsrecht verstoßen hat, also die einschlägige Rechtsprechung des EuGH verkennt.

9. Kapitel
Der Rechtsschutz im Unionsrecht

Der Rechtsschutz im Unionsrecht wird durch den Gerichtshof, das Gericht und die Fachgerichte gewährleistet (Art. 19 Abs. 1 S. 1 AEUV). Für die **wichtigsten Verfahren**

*   *Vertragsverletzungsverfahren* (Art. 258/259 AEUV),
*   *Nichtigkeitsklage* (Art. 263 AEUV),
*   *Untätigkeitsklage* (Art. 265 AEUV) und
*   *Vorabentscheidungsverfahren* (Art. 267 AEUV)

ist der Gerichtshof zuständig, wobei die Nichtigkeitsklagen und Untätigkeitsklagen natürlicher und juristischer Personen in die Zuständigkeit des Gerichtes fällt.

Abgesehen vom Vorabentscheidungsverfahren handelt es sich bei den genannten Verfahren um **direkte Verfahren**, da sie den *direkten Rechtsweg zu* den *europäischen Gerichten* eröffnen; das Vorabentscheidungsverfahren gelangt dagegen indirekt erst durch Vorlage eines mitgliedstaatlichen Gerichts an den Gerichtshof.

Bei den direkten Verfahren hängen die **Erfolgsaussichten** einer **Klage** davon ab, ob sie *zulässig* und *begründet* ist. Dabei kann die Zulässigkeit der Klage in einer einheitlichen Reihenfolge geprüft werden [vgl. Übersicht Nr. 26]. Dort zeigt sich auch, dass die Zulässigkeitsvoraussetzungen von Nichtigkeitsklage und Untätigkeitsklage weitgehend übereinstimmen: Beide Klagearten sind nach Ansicht des Gerichtshofes „parallele Rechtsbehelfe".

A. Das Vertragsverletzungsverfahren

Mit dem Vertragsverletzungsverfahren wird das **Klageziel** verfolgt, einen *Mitgliedstaat* dafür zu *rügen*, dass er *Unionsrecht verletzt* hat. Es dient der objektiv-rechtlichen Kontrolle der Mitgliedstaaten durch die Kommission. Als „Hüterin der Verträge" (Art. 17 Abs. 1 AEUV) leitet sie das Vertragsverletzungsverfahren *im allgemeinen Interesse der Union* ein, ohne dass ihre eigenen Rechte verletzt sein müssten: Das Verfahren heißt daher auch **Aufsichtsklage** (Art. 258 AEUV). Daneben können auch *Mitgliedstaaten* den Gerichtshof wegen einer Vertragsverletzung durch einen anderen Mitgliedstaat anrufen und die **Staatenklage** anstrengen (Art. 259 AEUV). In der Praxis bleiben Staatenklagen allerdings die Ausnahme. Bei einer **begründeten Klage** stellt der Gerichtshof nach Art. 260 AEUV fest, dass der betroffene *Mitgliedstaat* das *angegriffene Verhalten* zu *beseitigen* hat.

Übersicht 26: **Zulässigkeitsvoraussetzungen wichtiger Verfahren vor dem EuGH**

	Vertragsverletzungsverfahren (Art. 258/259 AEUV)	
1. Zuständiges Gericht	ausschließlich *EuGH* (Art. 19 Abs. 3 lit. a EUV)	
2. Passive Parteifähigkeit **(Klagegegner)**	*Mitgliedstaat* (Art. 258 Abs. 1/259 Abs. 1 AEUV)	
3. Aktive Parteifähigkeit **(Klageberechtigung)**	➤ Aufsichtsklage: *Kommission* (Art. 258 AEUV) ➤ Staatenklage: *Mitgliedstaaten* (Art. 259 AEUV)	
4. Klagegegenstand	*mitgliedstaatlicher Verstoß* gegen das *Unionsrecht* (Art. 258 Abs. 1/259 Abs. 1 AEUV)	
5. Klagebefugnis	wenn Kommission und Mitgliedstaaten von einer *Vertragsverletzung* *überzeugt* sind; die bloße Vermutung einer Vertragsverletzung reicht nicht aus	
6. Vorverfahren	bei der *Aufsichtsklage*	bei der *Staatenklage*
	• *Mahnschreiben* der Kommission mit der Gelegenheit zur • *Stellungnahme* des betroffenen Mitgliedstaats, daraufhin • *begründete Stellungnahme* der Kommission mit Fristsetzung und schließlich • *Nichtbefolgung* der Stellungnahme durch den Mitgliedstaat *innerhalb* der gesetzten *Frist*	• Antrag eines Mitgliedstaates auf *Befassung* der Kommission, danach • *kontradiktorisches Verfahren* unter Aufsicht der Kommission, • am Ende *begründete* *Stellungnahme* der Kommission innerhalb einer 3-Monatsfrist nach dem Einleitungsantrag ⇨ Klagerecht des Mitglied-staates nach Stellung-nahme oder Fristablauf
7. Klagefrist	keine Klagefrist vorgesehen	

8. Rechtsschutzbedürfnis	➤ solange der beklagte Mitgliedstaat das beanstandete Verhalten nicht vollständig abgestellt hat: **i.d.R. gegeben**
	➤ wird der Vertragsverstoß verspätet behoben: Ein Rechtsschutzbedürfnis ist **ausnahmsweise** gegeben, wenn
	    • eine *Wiederholungsgefahr* für den Vertragsverstoß besteht
	    • eine *grundsätzliche Rechtsfrage* zu klären ist
	    • das Vertragsverletzungsverfahren als *Haftungsgrundlage* dient	

	Nichtigkeitsklage (Art. 263 AEUV)	Untätigkeitsklage (Art. 265 AEUV)
zu 1.	*EuG* grds. in erster Instanz bei Individualklagen, ansonsten *EuGH* (Art. 256 Abs. 1 AEUV i.V.m. Art. 51 EuGHS)	
zu 2.	*Rat, Kommission, EZB, Parlament, Europäischer Rat, Einrichtungen und sonstige Stellen der Union* (Art. 263 Abs. 1/265 Abs. 1 AEUV)	
zu 3	➢ Staaten- und Organklage: *Mitgliedstaat, Kommission, Rat, Parlament* (Art. 263 Abs. 2/265 Abs. 1 AEUV), *Rechnungshof, EZB* (Art. 263 Abs. 3/265 Abs. 1 AEUV), *AdR* (Art. 263 Abs. 3 AEUV) ➢ Individualklage: *natürliche* und *juristische Personen* (Art. 263 Abs. 4/265 Abs. 3 AEUV)	
zu 4.	➢ Staaten- und Organklage (Art. 263 Abs. 2, Abs. 3 AEUV): *verbindliches Sekundärrecht* ➢ Individualklage (Art. 263 Abs. 4 AEUV): • an *Kläger* gerichtete *Handlung* • *Kläger unmittelbar* und *individuell* betreffende *Handlung* • *Kläger* unmittelbar betreffende *Verordnung*, die keiner Durchführungsmaßnahme bedarf	➢ Staaten- und Organklage (Art. 265 Abs. 1 AEUV): *unterlassene Beschlussfassung* eines EU-Organs, der *Unionsrecht verletzt* ➢ Individualklage (Art. 265 Abs. 3 AEUV): • *Beschluss*, der *an Kläger* zu richten ist • *Beschluss*, der *an eine andere Person* zu richten ist
zu 5.	➢ Staaten- und Organklage: • *Mitgliedstaat, Kommission, Rat, Parlament* (Art. 263 Abs. 2/265 Abs. 1 AEUV), *EZB* (Art. 265 Abs. 1 AEUV) • *Rechnungshof, EZB, AdR* nur zur „*Wahrung ihrer Rechte*" (Art. 263 Abs. 3 AEUV)	
zu 5.	➢ Individualklage (Art. 263 Abs. 4 AEUV): *natürliche* und *juristische Personen* gegen • an *Kläger* gerichtete *Handlung* • *Kläger unmittelbar* und *individuell* betreffende *Handlung* • *Kläger* unmittelbar betreffende *Verordnung*, die keiner Durchführungsmaßnahme bedarf	➢ Individualklage (Art. 265 Abs. 3 AEUV): *natürliche* und *juristische Personen* gegen unterlassene • *Beschluss*, der *an Kläger* zu richten ist • *Beschluss*, der *an eine andere Person* zu richten ist
zu 6.	nicht vorgesehen	Art. 265 Abs. 2 AEUV: • *Mahnschreiben* an das untätige Organ • *Ausbleiben* der *Stellungnahme* des untätigen Organs innerhalb von zwei Monaten nach dem Mahnschreiben
zu 7.	*Zwei Monate* (Art. 263 Abs. 5 AEUV) ab ➢ Bekanntgabe ➢ Mitteilung ➢ Kenntnisnahme des entsprechenden Sekundärakts	*zwei Monate* (Art. 265 Abs. 2 S. 2 AEUV) nach Ablauf der Antwortfrist
zu 8.	➢ Staaten- und Organklage: **i.d.R. gegeben** ➢ Individualklage: **bei Klagebefugnis** natürlicher und juristischer Personen **i.d.R. gegeben** ➢ *nach Aufhebung* des Aktes **ausnahmsweise gegeben** (vgl. Vertragsverletzungsverfahren)	➢ *Unterlassen* der begehrten Handlung *bis* zur *Urteilsverkündung*: **gegeben** ➢ *Erlass* der begehrten Handlung *bis* zur *Klageerhebung*: **nicht gegeben** ➢ *Erlass* der begehrten Handlung *nach Klageerhebung*: die **zulässige** Klage ist in der **Hauptsache erledigt**

I. Die Zulässigkeit der Aufsichtsklage und der Staatenklage

Zunächst hat der **Klageberechtigte** die Aufsichts- bzw. Staatenklage gegen den **richtigen Klagegegner** anzustrengen, damit sie vom **zuständigen Gericht** zugelassen werden kann. Weiterhin muss ein **statthafter Klagegegenstand** vorliegen. Außerdem ist ein **Vorverfahren** durchzuführen: Dabei tritt die Kommission im Rahmen der Aufsichtsklage als Ankläger auf; im Rahmen der Staatenklage übernimmt sie dagegen die Rolle eines Schiedsrichters. Da ein Verfahren vor Gericht nur zugelassen wird, wenn der Kläger nachweist, dass er gerichtlichen Schutz braucht, muss schließlich ein **Rechtsschutzbedürfnis** vorliegen: Das ist in der Regel der Fall, solange der Verstoß innerhalb der im Vorverfahren gesetzten Frist noch besteht; ausnahmsweise besteht auch danach noch ein Rechtsschutzbedürfnis.

II. Die Begründetheit der Aufsichtsklage und der Staatenklage

Der beklagte Mitgliedstaat muss eine **Vertragsverletzung** begangen haben. Sie **entfällt** nur, wenn ein *unionsrechtlicher Rechtfertigungsgrund* greift.

> *Bsp.:* Mitgliedstaat F schreibt vor, dass alkoholische Produkte nur mit dem Zusatz „Vorsicht vor dem Alkoholmissbrauch" beworben werden dürfen: Der Eingriff in die Warenverkehrsfreiheit ist nach Art. 36 AEUV aus Gründen der Gesundheit gerechtfertigt.

Nicht anerkannt werden Entschuldigungsgründe, die aus den mitgliedstaatlichen Rechtsordnungen abgeleitet werden.

> *Bsp.:* Mitgliedstaat I setzt wegen der Auflösung des Parlaments eine Richtlinie nicht fristgerecht um. Der Mitgliedstaat kann sich aber nicht auf die Regierungskrise berufen, so dass ein Verstoß gegen Art. 288 Abs. 3 AEUV i.V.m. Art. 4 Abs. 3 AEUV vorliegt.

Die Vertragsverletzung muss dann dem beklagten Mitgliedstaat zugerechnet werden können. Aus der Sicht des Unionsrechts sind *Adressaten der Verträge* die *Mitgliedstaaten als Einheit* (,**Landesblindheit des Unionsrechts'**). Daher wird auch das Verhalten von *Staatsorganen* dem Mitgliedstaat **zugerechnet**.

> *Bsp.:* Die umstrittene Dienstleistungsrichtlinie wird nicht fristgerecht umgesetzt, da ein mitgliedstaatliches Parlament dem Umsetzungsgesetz die Zustimmung verweigert: Die Weigerung des Parlaments wird dem Mitgliedstaat zugerechnet.

In bundesstaatlich organisierten Mitgliedstaaten wie Deutschland und Österreich ist auch das Handeln der *Bundesländer* und *Gemeinden* dem Mitgliedstaat zurechenbar.

> *Bsp.:* In München werden die zulässigen Grenzwerte der (in deutsches Recht umgesetzten) Feinstaubrichtlinie überschritten. Die Stadt München hat es unterlassen, Maßnahmen dagegen vorzunehmen; ihr Unterlassen wird Deutschland zugerechnet.

B. Die Nichtigkeitsklage

Klageziel der Nichtigkeitsklage ist es, einen *rechtswidrigen Unionsakt* zu *beseitigen*: Es kann also gegen verbindliche Rechtsakte der Europäischen Union geklagt werden, sofern sie die Verträge verletzen. Bei einer **begründeten Klage** wird der betreffende *Rechtsakt* vom Gerichtshof nach Art. 264 AEUV für *nichtig* erklärt.

I. Die Zulässigkeit der Nichtigkeitsklage

Zunächst hat der **Klageberechtigte** die Nichtigkeitsklage gegen den richtigen **Klagegegner** anzustrengen, damit sie vom **zuständigen Gericht** zugelassen werden kann; dabei ist die Klage ist gegen das Unionsorgan zu richten, das den angegriffenen Akt erlassen hat. Dann muss ein **statthafter Klagegegenstand** vorliegen, und die **Klagebefugnis** muss gegeben sein.

Bei **Staaten- und Organklagen** umfasst der Klagegegenstand mit den Gesetzgebungsakten und den Organhandlungen das verbindliche Sekundärrecht unabhängig von seiner Bezeichnung.

Als ‚privilegierte' Kläger sind klagebefugt die *Mitgliedstaaten* und die *Organe* mit *Ausnahme* von *EuRH* und *EZB*. Jene dürfen neben dem Ausschuss der Regionen nur zur „Wahrung ihrer Rechte" klagen.

> Die **Nichtigkeitsklage** der ‚privilegierten' Kläger entspricht einer ‚**abstrakten Normenkontrolle'** in *Deutschland* (vgl. Art. 93 Abs. 1 Nr. 2 GG), *Österreich* (Art. 140 Abs. 1 S. 2 B-VG) und der *Schweiz* (vgl. Art. 83 OG: staatsrechtliche Klage). Die zur **Wahrung** der **eigenen Rechte** angestrengte **Nichtigkeitsklage** entspricht in *Deutschland* einem ‚**Organstreitverfahren'** (vgl. Art. 93 Abs. 1 Nr. 1 GG). In *Österreich* kann etwa der **Rechnungshof** bei **Streitigkeiten** über seine **Zuständigkeit klagen** (Art. 126a B-VG). In der *Schweiz* entscheidet das **Parlament** über **Zuständigkeitskonflikte** (Art. 173 Abs. 1 lit. i BV).

Für **Individualnichtigkeitsklagen** erstreckt Art. 263 Abs. 4 AEUV den **Klagegegenstand** zunächst auf *Handlungen*, die *an* den *Kläger gerichtet* sind. Damit sind Beschlüsse gemäß Art. 288 Abs. 4 AEUV gemeint.

Geklagt werden kann auch gegen *Handlungen*, die den Kläger *unmittelbar* und *individuell* betreffen. Darunter fallen etwa Beschlüsse, die als Verordnung („Scheinverordnung") ergangen sind.

Möglicher Klagegegenstand sind außerdem *Rechtsakte mit Verordnungscharakter*; diese müssen den Kläger lediglich *unmittelbar* und nicht zusätzlich individuell betreffen und dürfen *keine Durchführungsmaßnahmen* nach sich ziehen. Erfasst sind davon Verordnungen, die nicht in einem Gesetzgebungsverfahren zustande gekommen sind.

Im Rahmen der **Klagebefugnis** ist unter Umständen zu prüfen, ob die Handlung oder der Rechtsakt den Kläger unmittelbar und individuell betreffen.

Unmittelbar betroffen ist der Kläger, wenn die Handlung in die Interessen des Klägers eingreift, ohne dass es *weiterer nationaler Umsetzungsakte* bedarf. Neben dieser formellen unmittelbaren Betroffenheit sind auch Fälle materieller unmittelbarer Betroffenheit ausreichend. Zwar sind dann nationale Umsetzungsakte erforderlich, doch sind diese entweder zwingend, werden mit großer Wahrscheinlichkeit erlassen oder sind schon ergangen.

Individuell betroffen ist der Kläger nach der ‚Plaumann'-Formel (EuGH 1963),

> „wenn [die Handlung] ihn **wegen** bestimmter **persönlicher Eigenschaften** oder besonderer, ihn **aus** dem **Kreis aller** übrigen **Personen heraushebender Umstände berührt** und ihn daher in **ähnlicher** Weise **individualisiert wie** den **Adressaten** eines [**Beschluss**es]".

Art. 263 Abs. 5 AEUV ergänzt den Rechtsschutz für natürliche und juristische Personen um die Klagemöglichkeit gegen **Einrichtungen** wie *Ämter*, *Agenturen* und *Zentren*; dazu muss die Klage allerdings in den Rechtsakten zur Gründung der Einrichtungen vorgesehen sein.

> Die **individuelle Nichtigkeitsklage** entspricht in ihrer Funktion in *Deutschland* einer **Anfechtungsklage** (§ 42 Abs. 1 Var. 1 VwGO), in *Österreich* einer **Bescheidbeschwerde** (Art. 131, 144 B-VG) und in der *Schweiz* einer **Verwaltungsgerichtsbeschwerde** (Art. 97 Abs. 1 OG).

Schließlich muss der Kläger noch die **Klagefrist** einhalten – und ein **Rechtsschutzbedürfnis** muss vorliegen, was aber wie beim Vertragsverletzungsverfahren *regelmäßig* anzunehmen ist.

II. Die Begründetheit der Nichtigkeitsklage

Die Nichtigkeitsklage ist begründet, wenn einer der in Art. 263 Abs. 2 AEUV abschließend genannten **Nichtigkeitsgründe** vom Kläger geltend gemacht wird oder vom Gericht von Amts wegen (Unzuständigkeit; Verletzung wesentlicher Formvorschriften) zu beachten ist. Die **Verletzung** der Verträge oder einer bei seiner Durchführung anzuwendenden Rechtsnorm (also Verletzung von **Primär- oder Sekundärrecht**) als Nichtigkeitsgrund ist ein *Auffangtatbestand* und umfasst die drei anderen in Art. 263 Abs. 2 AEUV genannten Nichtigkeitsgründe.

1. Unzuständigkeit

Unzuständigkeit liegt vor, wenn ein Unionsorgan eine ihm nicht verliehene Befugnis ausübt. Dabei unterscheidet der EuGH zwischen

➢ *absoluter Unzuständigkeit,* d.h., die zu regelnde Materie fällt in den Bereich der Mitgliedstaaten (Eingriff in die Verbandskompetenz),

➢ *relativer Unzuständigkeit,* d.h., ein Organ wird im Kompetenzbereich eines anderen Organs tätig (Eingriff in die Organkompetenz),

➢ *räumlicher Unzuständigkeit,* d.h., die Wirkung der Regelung erstreckt sich auf unionsfremdes Gebiet, und

➢ *sachlicher Unzuständigkeit,* d.h., es wird eine andere als von der Ermächtigungsnorm vorgesehene Maßnahme erlassen.

Vgl. insgesamt Kapitel 6, B.I.1.

2. Verletzung wesentlicher Formvorschriften

Ein Nichtigkeitsgrund ist auch die **Verletzung** von **wesentlichen Formvorschriften**. Das sind Regeln, die geeignet sind, den Inhalt des Rechtsaktes zu beeinflussen, oder die dem Schutz des Adressaten dieses Aktes dienen. Dazu zählen zunächst die **eigentlichen Formvorschriften** wie etwa die Wahl der *richtigen Ermächtigungsgrundlage* und die *Begründungspflicht* nach Art. 296 Abs. 2 AEUV. Auch **verfahrensbezogene Vorschriften** können wesentliche Formvorschriften sein: Das betrifft etwa *Anhörungs- und Beteiligungsrechte.* (Vgl. insgesamt Kapitel 4).

3. Ermessensmissbrauch

Ermessensmissbrauch liegt nach dem EuGH (‚Gutmann' 1966) vor, wenn mit einer Handlung ein *subjektiv rechtswidriger Zweck* verfolgt, d.h. wenn sie also zumindest überwiegend zu *anderen als* den in ihr *angegebenen Zwecken* erlassen worden ist oder darauf abzielt, ein *von den Verträgen vorgesehenes Verfahren* zu *umgehen*, das eine konkrete Sachlage bewältigen soll. Wegen der engen Definition ist in der Praxis die Berufung auf diesen Nichtigkeitsgrund selten erfolgreich.

III. Grundfall zur Nichtigkeitsklage

Der Rat erlässt eine Verordnung, um die Einfuhr von Avocados aus Drittstaaten einheitlich zu regeln. Danach dürfen Avocados nur noch bis zu einer bestimmten Höchstmenge eingeführt werden. Die erforderlichen Einfuhrlizenzen werden nach objektiven Kriterien vergeben. Sechs Monate nach Inkrafttreten der Verordnung muss die Avocat GmbH feststellen, dass sich ihre Einfuhrmenge in Anwendung der Verordnung halbiert hat.
Ist ihre Nichtigkeitsklage gegen diese Verordnung zulässig?

Zu prüfen ist, ob nach Art. 263 Abs. 4 AEUV die Nichtigkeitsklage der Avocat GmbH zulässig ist.

1. Zuständig für die Nichtigkeitsklage der Avocat GmbH könnte das EuG sein. Erhebt eine natürliche oder juristische Person die Nichtigkeitsklage, so fällt diese Klage in die Zuständigkeit des EuG (Art. 256 Abs. 1 AEUV i.V.m. Art. 51 EuGHS). Die Avocat GmbH ist eine juristische Person, so dass das EuG hier zuständig ist.

2. Richtiger Klagegegner ist der Rat, der die angegriffene Verordnung erlassen hat. Klageberechtigt ist die Avocat GmbH als juristische Person nach Art. 263 Abs. 4 EGV. Statthafter Klagegegenstand sind u.a. Handlungen, die den Kläger unmittelbar und individuell betreffen. Unter den weiten Begriff der Handlung fällt auch eine Verordnung wie die Avocado-Verordnung, die somit einen statthaften Klagegegenstand darstellt.

3. Dann müsste die Avocat GmbH auch klagebefugt sein. Als juristische Person ist die Avocat GmbH zur Klage gegen eine Handlung wie die Avocado-Verordnung befugt, wenn sie davon unmittelbar und individuell betroffen ist.

   a) Da Verordnungen gemäß Art. 288 Abs. 3 AEUV unmittelbar in jedem Mitgliedstaat gelten, ist die Avocat GmbH unmittelbar von der Avocado-Verordnung betroffen.

   b) Fraglich ist, ob die Avocat GmbH durch die Avocado-Verordnung individuell betroffen ist. Nach der ‚Plaumann'-Formel (EuGH 1963) ist der Kläger von einer Handlung individuell betroffen, wenn sie ihn wegen bestimmter persönlicher Eigenschaften oder besonderer, ihn aus dem Kreis aller übrigen Personen heraushebender Umstände berührt und ihn daher in ähnlicher Weise individualisiert wie den Adressaten eines Beschlusses. Allerdings reicht es nicht aus, wenn die Maßnahme nach ihrer Zweckbestimmung auf Grund eines objektiven Tatbestands rechtlicher oder tatsächlicher Art, den sie bestimmt, anwendbar ist. Die Avocado-Verordnung gestattet nach objektiven Kriterien die Einfuhr der Früchte. Die von der Avocat GmbH angegriffene Verordnung betrifft damit in abstrakter und genereller Weise die Avocat GmbH als Wirtschaftsteilnehmer im Bereich der Vermarktung von Avocados aus Drittstaaten. Da auch andere Wirtschaftsteilnehmer sich durch die Avocado-Verordnung in derselben Lage wiederfinden, ist die Avocat GmbH durch die Avocado-Verordnung nicht individuell betroffen.

   c) Sie ist daher nicht klagebefugt.

4. Damit ist die Nichtigkeitsklage der Avocat GmbH nicht zulässig.

C. Die Untätigkeitsklage

Die **Untätigkeitsklage** dient dem **Ziel,** festzustellen, dass ein EU-Organ in *rechtswidrig*er Weise *untätig geblieben* ist. Ist die Klage begründet, so hat das EU-Organ die Maßnahmen zu ergreifen, die sich aus dem Urteil ergeben (Art. 266 AEUV).

I. Die Zulässigkeit der Untätigkeitsklage

Zunächst hat der **Klageberechtigte** die Untätigkeitsklage gegen den richtigen **Klagegegner** anzustrengen, damit sie vom **zuständigen Gericht** zugelassen werden kann; dabei ist die Klage ist gegen das Unionsorgan zu richten, das die geforderte Handlung unterlassen hat. **Statthafter Klagegegenstand** in Staaten- und Organklagen ist ein *unterlassener Beschluss* – das kann auch eine nicht rechtsverbindliche Maßnahme sein, sofern sie konkretisiert ist und vollzogen werden kann.

Bei Individualklagen kommen dagegen *nur rechtsverbindliche Akte* in Frage, die *an den Kläger gerichtet* sein müssen: Beschlüsse.

> Die **individuelle Untätigkeitsklage entspricht** in *Deutschland* einer **Verpflichtungsklage** (§ 42 Abs. 1 Var. 2 VwGO), in *Österreich* einer **Säumnisbeschwerde** (Art. 132 B-VG) und in der *Schweiz* einer **Verwaltungsgerichtsbeschwerde** (Art. 97 Abs. 1 i.V.m. Abs. 2 OG).

Wie bei der Nichtigkeitsklage gibt es unter den in der Staaten- und Organklage zur **Klage Befugten** privilegierte (Art. 265 Abs. 1 AEUV) und nicht privilegierte Kläger (Art. 265 Abs. 4 AEUV). Da es sich bei Nichtigkeitsklage und Untätigkeitsklage um parallele Rechtsbehelfe handelt, kann bei Individualklagen (Art. 232 Abs. 3 AEUV) auch gegen Beschlüsse geklagt werden, die an eine andere Person zu richten sind, sofern sie den Kläger unmittelbar und individuell betreffen würden (entsprechende Anwendung der ‚Plaumann'-Formel). Ein **Vorverfahren** muss durchgeführt werden: Eine Stellungnahme macht die Klage unzulässig; eine negative Stellungnahme stellt aber eine Handlung dar, gegen welche eine Nichtigkeitsklage möglich ist. Keine Stellungnahme liegt dagegen vor, wenn aus der Antwort nicht deutlich wird, wie das EU-Organ sich verhalten wird.

> **Bsp.:** Die Kommission sagt lediglich zu, die Angelegenheit weiter zu prüfen.

Dann ist die **Klagefrist** einzuhalten, und ein **Rechtsschutzbedürfnis** muss vorliegen.

II. Die Begründetheit der Untätigkeitsklage

Zunächst muss ein **Verstoß** gegen eine **unionsrechtliche Handlungspflicht** vorliegen. Ist keine Handlungspflicht vorgeschrieben, steht dem beklagten Unionsorgan jedoch ein Ermessens- und Beurteilungsspielraum zu.

> **Bsp.:** Es steht im Ermessen der Kommission, eine Aufsichtsklage zu erheben.

Schließlich muss die **Untätigkeit rechtswidrig** sein: d.h. wenn das beklagte Unionsorgan die *Handlung bis zu einem bestimmten Zeitpunkt noch nicht vorgenommen* hat. Hier ist abzuwägen, da nur selten Handlungsfristen festgelegt sind.

D. Das Vorabentscheidungsverfahren

Das **Verfahren** nach Art. 267 AEUV hat zum **Ziel** die einheitliche *Auslegung* des *Unionsrechts* und seine *Überprüfung* auf Gültigkeit.

> Das **Vorabentscheidungsverfahren** kann **verglichen** werden mit einer **verfassungsrechtlichen ,konkreten Normenkontrolle'** in **Deutschland** (Art. 100 Abs. 1 Nr. 2 GG) und in *Österreich* (Art. 140 Abs. 1 S. 1 B-VG). In der **Schweiz** ist die konkrete Normenkontrolle ist Aufgabe aller Gerichte und Behörden.

Dazu legt ein mitgliedstaatliches Gericht dem EuGH eine Frage vor, die der EuGH beantwortet, indem er das Primär- und Sekundärrecht auslegt oder die Handlungen von Unionsorganen für ungültig erklärt.

I. Die Zulässigkeit einer Vorlage im Vorabentscheidungsverfahren

Die Vorlage eines nationalen Gerichts ist unter folgenden Voraussetzungen zulässig:

1. Zuständiges Gericht

Zuständig ist nach Art. 267 AEUV bisher ausschließlich der *EuGH* (eine besondere Kompetenz für das EuG gemäß Art. 256 Abs. 3 AEUV ist in der Satzung noch nicht festgelegt).

2. Vorlagegegenstand

Statthafter **Vorlagegegenstand** ist das Unionsrecht. Vorlagefähige Fragen betreffen die Auslegung von Primärrecht (Art. 267 lit. a AEUV) sowie die Auslegung und Gültigkeit von Sekundärrecht (Art. 267 lit. b AEUV) bzw. von Völkerrechtsverträgen der EU.

> **Nicht vorlagefähig** ist die **Frage**, ob eine **konkrete nationale Norm mit** dem **Unionsrecht vereinbar** ist.
>
> > *Bsp.: „Sind §§ 9 und 10 Biersteuergesetz [deutsches Reinheitsgebot für Bier] mit dem Unionsrecht vereinbar?"*

Das vorlegende Gericht muss vielmehr abstrakt danach fragen, ob das Unionsrecht so auszulegen ist, dass eine Maßnahme mit dem Inhalt einer konkreten nationalen Norm gegen Unionsrecht verstößt.

> *Bsp.: Ist Art. 36 AEUV dahin auszulegen, dass eine Regelung, nach der nur ein dem Reinheitsgebot entsprechend gebrautes Bier als ,Bier' bezeichnet werden darf, gegen Unionsrecht verstößt?"*

In der Praxis (EuGH ,Costa/ENEL' 1964)

> „[kann] der Gerichtshof [...] aber aus einer **unvollkommen** gefassten **Frage** des staatlichen Gerichts die **Fragen heraus-schälen**, welche die **Auslegung** des **Vertrages betreffen**."

3. Vorlagepflicht und Vorlagerecht der nationalen Gerichte

Vorlageberechtigt sind zunächst alle Gerichte. Unter bestimmten Umständen können aber Gerichte zur Vorlage an den EuGH verpflichtet sein.

a. Begriff des Gerichts

Gericht im Sinne des Art. 267 AEUV ist (EuGH ‚Almelo' 1994)

- „jede **unabhängige,** zur Streitentscheidung berufene **Instanz,**
- die durch oder **aufgrund eines Gesetzes** eingerichtet ist,
- eine **obligatorische** und willkürliche Wahl durch die Parteien nicht zugängliche **Zuständigkeit** begründet
- und unter **Anwendung von Rechtsnormen** und nicht allein nach Billigkeitsgesichtspunkten
- **bindend entscheidet."**

Zu den Gerichten im Sinne des Art. 267 AEUV zählen also mitgliedstaatliche Gerichte.

> In *Deutschland* sind das etwa **Amts-** und **Landgerichte** sowie **Verwaltungsgerichte**; in *Österreich* etwa **Bezirks-** und **Landesgerichte** und der **Verwaltungsgerichtshof.** In der *Schweiz* sind das etwa **Bezirks-** und **Kreisgerichte** sowie **Verwaltungsgerichte. Schiedsgerichte,** die in *Deutschland* nach §§ 1025ff ZPO gebildet werden, zählen **nicht** zu **staatlichen Gerichten** (EuGH ‚Nordsee' 1982).

Führt ein Gericht allerdings ein Verwaltungsverfahren durch, so ist es nicht als Gericht im Sinne des Art. 267 AEUV anzusehen.

Bsp.: *Ein deutsches Amtsgericht legt eine Frage vor, die das Handelsregister betrifft. Dabei handelt es sich um ein Verwaltungsverfahren, so dass das Amtsgericht nicht als staatliches Gericht anzusehen ist (EuGH ‚Lutz' 2002).*

b. Vorlagepflicht der nationalen Gerichte

Vorlagepflichtig sind bei Fragen der *Gültigkeit* des Unionsrechts *alle Gerichte.* Bei Fragen der *Auslegung* des Unionsrechts sind Vorlage an den EuGH verpflichtet:

➤ *letztinstanzliche Gerichte* der Mitgliedstaaten (Art. 267 Abs. 3 AEUV); dabei ist darauf abzustellen, ob im konkreten Verfahren kein ordentliches Rechtsmittel mehr eingelegt werden kann,

Bsp.: *Bei einem deutschen Amtsgericht wird in einem Zivilverfahren die Berufungssumme nicht erreicht; das Urteil kann daher nicht mehr angefochten werden. Das Amtsgericht ist damit auch Gericht in letzter Instanz und daher vorlagepflichtig.*

➤ *unterinstanzliche Gerichte,* sofern sie einen EU-Sekundärrechtsakt für unwirksam halten (EuGH ‚Foto-Frost' 1987) oder beabsichtigen, ihn aufzuheben, nicht anzuwenden oder (EuGH ‚Zuckerfabrik Süderdithmarschen' 1991) auszusetzen.

c. Ausnahmen von der Vorlagepflicht der nationalen Gerichte

Die **Vorlagepflicht entfällt** allerdings, wenn

➤ die sich aus der Vorlage ergebende Frage *nicht zur Streitentscheidung beiträgt*
➤ die Frage bereits in einem *gleichgelagerten Fall* gestellt wurde
➤ eine *gesicherte EU-Rechtsprechung* vorliegt, die die betreffende Rechtsfrage löst
➤ die *Antwort* auf die vorgelegte Frage *offensichtlich* ist (sog. ‚acte clair'-Doktrin).

> **EuGH ‚CILFIT' 1982**
> Nach italienischem Recht mussten bei der Einfuhr von Wolle gesundheitspolizeiliche Maßnahmen durchgeführt werden; die dafür fälligen Untersuchungsgebühren hielt das wollimportierende Unternehmen CILFIT allerdings für unionsrechtswidrig – in einem Gerichtsverfahren regte es eine Vorlage an den EuGH an. Der italienische Staat war jedoch der Ansicht, dass die betreffende Marktordnung vom Wortlaut eindeutig importierte Wolle nicht erfasste: Da keine Auslegungszweifel bestünden, erübrige sich ein Vorabentscheidungsverfahren. Der EuGH gab Italien recht und befreite das italienische Gericht von der Vorlagepflicht.

4. Ordnungsgemäße Vorlage

Eine **ordnungsgemäße Vorlage** liegt vor, wenn das vorlegende Gericht die Vorlage begründet und die vorgelegte Frage für *entscheidungserheblich* hält. Die vorgelegte Frage wird vom EuGH für **nicht entscheidungserheblich** gehalten, wenn

➤ die *Vorlage konstruiert* erscheint
➤ *offensichtlich hypothetische Fragen* gestellt werden
➤ die Frage *offensichtlich keinen Zusammenhang mit dem Ausgangsverfahren* hat.

II. Grundfall zum Vorabentscheidungsverfahren

Die deutsche Commerzbank erwirbt die Aktienmehrheit der ADV/ORGA AG. Auf der Hauptversammlung stellt Aktionär Meilicke Fragen bezüglich „verdeckter Sacheinlagen". Mit den Antworten unzufrieden begehrt er vor dem Landgericht (LG) Hannover Auskunft. Das LG fragt angesichts seiner Zweifel den EuGH, ob die Lehre von der „verdeckten Sacheinlage" mit der 2. Richtlinie zur Koordinierung des Gesellschaftsrechts vereinbar sei. Diese Frage ist allerdings für das Ausgangsverfahren ohne Bedeutung, da die Voraussetzungen für die Anwendungen dieser Lehre offensichtlich nicht erfüllt sind, was sich auch aus den vorgelegten Akten ergibt.
Ist die Vorlage des LG Hannover zum EuGH zulässig?

Zu prüfen ist, ob die Vorlage des Landgerichts Hannover zum EuGH zulässig ist.

1. Zuständig für das Vorabentscheidungsverfahren ist nach Art. 267 AEUV der EuGH.

2. Dann müsste der Vorlagegegenstand statthaft sein.

   a) Vorgelegt werden können nach Art. 267 lit. b AEUV unter anderem Fragen zur Auslegung des Sekundärrechts. In der Frage des LG Hannovers geht es um die 2. Richtlinie zur Koordinierung des Gesellschaftsrechts, also um Sekundärrecht.

b) Fraglich ist allerdings, ob es bei der Frage um die Auslegung von Unionsrecht geht. Nicht vorlagefähig sind nämlich Fragen nach der Vereinbarkeit konkreter nationaler Normen mit dem Unionsrecht. Das vorlegende Gericht muss vielmehr abstrakt danach fragen, ob das Unionsrecht so ausgelegt wird, dass eine Maßnahme mit dem Inhalt einer konkreten nationalen Norm gegen Unionsrecht verstößt. Das LG Hannover fragt hier nach der Vereinbarkeit der sog. Lehre von der „verdeckten Sacheinlage" mit dem Unionsrecht. Ob die richterrechtlich anerkannte Lehre eine konkrete Norm darstellt, kann hier dahinstehen, da die Vorlagefrage auf die Vereinbarkeit mit Unionsrecht abstellt. Damit ist die Frage des LG Hannover nicht vorlagefähig.

c) Allerdings führt eine falsch gestellte Frage nicht zur Unlässigkeit der Vorlage. Der EuGH wird nämlich die Frage umformulieren: „Ist die 2. Richtlinie zur Koordinierung des Gesellschaftsrechts dahin auszulegen, dass eine Regelung, nach der „verdeckte Sacheinlagen" ungültig sind, gegen Unionsrecht verstößt?".

d) Damit wäre der Vorlagegegenstand statthaft.

3. Fraglich ist, ob das LG Hannover vorlagepflichtig ist.

a) Das LG Hannover ist als staatliches Gericht ein Gericht im Sinne des Art. 267 AEUV.

b) Es könnte bei einer Frage zur Auslegung des Unionsrechts zur Vorlage verpflichtet sein.

aa) Zur Vorlage sind letztinstanzliche Gerichte der Mitgliedstaaten verpflichtet (Art. 267 Abs. 3 AEUV). Das sind solche, bei denen im konkreten Verfahren kein ordentliches Rechtsmittel mehr eingelegt werden kann. Aus dem Sachverhalt geht allerdings nicht hervor, dass keine Rechtsmittel eingelegt werden können. Das LG Hannover ist damit kein letztinstanzliches Gericht.

bb) Als Gericht der unteren Instanz wäre das LG Hannover nur dann zur Vorlage verpflichtet, sofern es einen EU-Sekundärrechtsakt für unwirksam hält (EuGH ‚Foto-Frost' 1987) oder beabsichtigt, ihn aufzuheben, nicht anzuwenden oder auszusetzen (EuGH ‚Zuckerfabrik Süderdithmarschen' 1991). Das ist hier nicht der Fall, da das LG Hannover gerade die 2. Richtlinie zur Koordinierung des Gesellschaftsrechts anwenden möchte.

cc) Damit ist das LG Hannover nicht zur Vorlage verpflichtet.

c) Als staatliches Gericht ist das LG Hannover allerdings zur Vorlage berechtigt.

4. Schließlich müsste eine ordnungsgemäße Vorlage vorliegen. Das ist der Fall, wenn das vorlegende Gericht die Vorlage begründet und die vorgelegte Frage für entscheidungserheblich hält. Die Entscheidungserheblichkeit könnte hier aber entfallen sein. Eine vorgelegte Frage wird vom EuGH unter anderem für nicht entscheidungs-erheblich gehalten, wenn die Frage offensichtlich keinen Zusammenhang mit dem Ausgangsverfahren hat. Aus den dem EuGH vorgelegten Akten ergibt sich, dass die Vorlagefrage für das Ausgangsverfahren ohne Bedeutung ist, da die Voraussetzungen für die Anwendungen der Lehre von der ‚verdeckten Sacheinlage' offensichtlich nicht erfüllt sind. Die Vorlage ist also nicht entscheidungserheblich. Es mangelt daher an einer ordnungsgemäßen Vorlage.

5. Damit ist die Vorlage zum EuGH nicht zulässig.

Wiederholungsfragen zum 9. Kapitel

1. Welches sind die wichtigsten Verfahrensarten vor dem EuGH und dem EuG?

Die wichtigsten Verfahrensarten vor dem EuGH und dem EuG sind Vertragsverletzungsverfahren, Nichtigkeitsklage, Untätigkeitsklage und Vorabentscheidungsverfahren.

2. Worüber entscheidet der EuGH im Vertragsverletzungsverfahren?

Im Vertragsverletzungsverfahren entscheidet der EuGH über Klagen der Kommission oder eines Mitgliedstaats, mit denen geltend gemacht wird, ein Mitgliedstaat habe gegen eine Verpflichtung aus dem Unionsrecht verstoßen.

3. Was überprüft der EuGH im Rahmen der Nichtigkeitsklage?

Der EuGH überprüft im Rahmen der Nichtigkeitsklage die Rechtmäßigkeit von Rechtshandlungen der Unionsorgane.

4. Wer ist im Rahmen der Nichtigkeitsklage aktiv parteifähig?

Aktiv parteifähig sind Mitgliedstaaten, Parlament, Rat und Kommission (Art. 263 Abs. 2 AEUV), Rechnungshof, EZB und Ausschuss der Regionen (Art. 267 Abs. 3 AEUV) sowie natürliche und juristische Personen (Art. 267 Abs. 4 AEUV).

5. Welches Gericht ist für Nichtigkeitsklagen natürlicher und juristischer Personen zuständig?

Das EuG ist für Nichtigkeitsklagen natürlicher und juristischer Personen zuständig.

6. Welchen verfassungsrechtlichen Verfahren im deutschen Recht entspricht die Nichtigkeitsklage?

Die Klage der „privilegierten" Kläger entspricht einer verfassungsrechtlichen „abstrakten Normenkontrolle" (vgl. Art. 93 Abs. 1 Nr. 2 GG), die zur Wahrung ihrer Rechte angestrengte Nichtigkeitsklage entspricht einem verfassungsrechtlichen „Organstreitverfahren" (vgl. Art. 93 Abs. 1 Nr. 1 GG).

7. Was bezweckt die Untätigkeitsklage?

Mit der Untätigkeitsklage kann gegen Unionsorgane vorgegangen werden, die es unterlassen, einen Rechtsakt zu erlassen, obwohl sie vertraglich dazu verpflichtet sind.

8. Wer ist bei der Untätigkeitsklage klageberechtigt?

Klageberechtigt sind die anderen Unionsorgane, die Mitgliedstaaten (Art. 265 Abs. 1 AEUV) sowie natürliche und juristische Personen (Art. 265 Abs. 3 AEUV).

9. Welches Gericht ist für Untätigkeitsklagen natürlicher und juristischer Personen zuständig?

Das EuG ist für Untätigkeitsklagen natürlicher und juristischer Personen zuständig.

10. Worum geht es im Vorabentscheidungsverfahren?

Ein mitgliedstaatliches Gericht legt dem EuGH eine Frage bezüglich der Auslegung oder der Gültigkeit von Unionsrecht zur Beantwortung vor (Art. 267 AEUV).

Rechtsprechungsverzeichnis

Keck[+*]	C-267f./91	1993, I-6097	EuZW 1993, 770	33, **37**, 40-42, 44, 46, 50, 55, 57, 63
Köbler[+*]	C-224/01	2003, I-10239	EuR 2004, 71	111, **112**
Konle*	C-302/97	1999, I-3099	EuR 1999, 533	113
Kunstschätze I*	7/68	1968, 633	./.	35
Lawrie-Blum	66/85	1986, 2121	NVwZ 1987, 41	45, 48
Leberpfennig[+*]	9/70	1970, 825	NJW 1970, 2182	28
Leclerc	229/83	1985, 1	EuR 1985, 158	38
Luisi und Carbone*	286/82 & 26/83	1984, 377	NJW 1984, 1288	54
Lutz	C-182/00	2002, I-547	NZG 2002, 127	127
Marshall I[+]	152/84	1986, 723	NJW 1986, 2178	27
Nordsee	102/81	1982, 1095	EuR 1982, 334	127
Öffentlicher Dienst	149/79	1980, 3881; 1982, 1845	EuGRZ 1981, 129	45
Palmisani	C-261/95	1997, I-4025	EuZW 1997, 538	113
Pfandflaschen	302/86	1988, 4607	NVwZ 1989, 849	38
Plaumann	25/62	1963, 213	NJW 1963, 2246	**122**, 124, 125
Reinheitsgebot für Bier	178/84	1987, 1227	NJW 1987, 1133	38
Reyners	2/74	1974, 631	NJW 1975, 513	50
Roquette Frères*	138/79	1980, 3333	./.	**65**, 96
Royer	48/75	1976, 497	NJW 1976, 2065	26
Sacchi*	155/73	1974, 409	GRUR Int 1974, 297	54
Simmenthal II[+*]	106/77	1978, 629	NJW 1978, 1741	18
SNUPAT	42 & 49/59	1961, 111	./.	22
Stauder	29/69	1969, 419	EuR 1970, 39	32, 83
Überseering[+*]	208/00	2002, I-4571	EuZW 2002, 754	49
van Gend und Loos[+*]	26/62	1963, 1	NJW 1963, 974	**19**, 21, 22, 83
Vander Elst*	C-43/93	1994, I-3803	EuZW 1994, 600	55
Variola	34/73	1973, 981	./.	25
Zuckerfabrik Süderdithmarschen	C-143/88 & C-92/89	1991, I-415	EuZW 1991, 313	**127**, 129

[+] Die Entscheidung ist in den ,Leitentscheidungen zum Europarecht' enthalten.
[*] Die Entscheidung ist mit Sachverhalt im Kasten abgebildet.

Sach- und Abkürzungsverzeichnis

Außerdem erschienen im Richter Verlag

25 Fälle

- Band 1   BGB- Allgemeiner Teil
- Band 2   Schuldrecht
- Band 3   Sachenrecht
- Band 4   Verwaltungsrecht
- Band 5   Strafrecht AT
- Band 6   Strafrecht BT
- Band 7   Staatsorganisationsrecht
- Band 8   Grundrechte

Streitstände *kompakt*

Band 1   Strafrecht AT
Band 2   Strafrecht BT
Band 3   BGB AT / Schuldrecht AT
Band 4   BGB Schuldrecht BT
Band 5   BGB Sachenrecht
Band 6   Verwaltungsrecht
Band 7   Staatsrecht

sowie

60 GRUNDFÄLLE zum SCHULDRECHT

SCHULDRECHT kompakt

Grundkurs Insolvenzrecht

WIRTSCHFTSWISSENSCHAFTLICHE GRUNDKURSE

- Makroökonomik
    - Mikroökonomik
        - Finanzierung
            - Kostenrechnung
                - Buchführung
                    - Übungsbücher
                        Kostenrechnung
                        Makroökonomik
                        Mikroökonomik